U0885603

世图心理

博客：http://blog.sina.com.cn/bjwpcpsy
微博：http://weibo.com/wpcpsy

孩子的心灵

儿童心理分析案例

[日] 山中康裕 著
穆旭明 译

世界图书出版公司
北京 · 广州 · 上海 · 西安

图书在版编目（CIP）数据

孩子的心灵：儿童心理分析案例 /（日）山中康裕著；穆旭明译. —北京：世界图书出版有限公司北京分公司，2017.8（2019.2 重印）
ISBN 978-7-5192-3404-1

Ⅰ.①孩… Ⅱ.①山… ②穆… Ⅲ.①儿童心理学 Ⅳ.①B844.1

中国版本图书馆CIP数据核字（2017）第151250号

书　　名　孩子的心灵：儿童心理分析案例
　　　　　HAIZI DE XINLING

著　　者　[日] 山中康裕
译　　者　穆旭明
策划编辑　曹　文
责任编辑　曹　文

出版发行　世界图书出版有限公司北京分公司
地　　址　北京市东城区朝内大街 137 号
邮　　编　100010
电　　话　010-64038355（发行）　64037380（客服）　64033507（总编室）
网　　址　http://www.wpcbj.com.cn
邮　　箱　wpcbjst@vip.163.com
销　　售　新华书店
印　　刷　北京博图彩色印刷有限公司
开　　本　787mm × 1092mm　1/32
印　　张　7.5
字　　数　200 千字
版　　次　2017 年 8 月第 1 版
印　　次　2019 年 2 月第 3 次印刷
版权登记　01-2017-4195
国际书号　ISBN 978-7-5192-3404-1
定　　价　38.00 元

中文版推荐序

孩子心灵，魅力无穷

山中康裕先生的《孩子的心灵》将有新的中文版，时隔八年，读者依然对该书充满期待和热情，可见其内涵与魅力。

这是以沙盘游戏（箱庭疗法）和表达性治疗为主题的专著，其九章内容均以实际的临床个案为线索，用通俗易懂的语言，呈现表达性和深度心理治疗的方法和原理，乃至源于心灵的奥秘。

山中先生这部著作有“通过心理疗法透视阴影”之意，“阴影”（shadow）一词源于荣格及其分析心理学。作为荣格心理分析师，我一向认为，所有症状的背后或许都意味着来访者存在某种阴影。当然，也可以说正是阴影使得我们生病。因此，在包括沙盘游戏在内的表达性治疗过程中，我也总是会看到来访者内心深处阴影的表现。而此时的关键，便在于治疗师的胸怀与智慧，其所营造的“自由与保护的空间”，其所“抱持”的态度与能力，正如“有容乃大”，惟大能化，如是始能获得“点石成金”的效果，始能使来访者获得心灵的疗愈和转化。

山中先生便拥有这种深度心理治疗师的胸怀与智慧。他早年随创建“沙盘游戏治疗”的朵拉·卡尔夫（Dora Kalff）学习，并成为国际沙盘游戏治疗学会的创办者之一，担任日本箱庭疗法学会会长十多年。他是当今国际表达性心理治疗的主要推手与领军人物，其所原创的“河流–人与树”和“交替描绘编故事法”，都是对当代表达性心理治疗领域的重要贡献。

我与山中康裕先生相识二十余年。如他所说我们早已成为挚友，有着许多共同爱好，比如心理分析、沙盘游戏、古典哲学与文化心灵。山中先生本人也酷爱中国文化，熟读中国经典，以及中国诗词。他认为《易经》《黄帝内经》《老子》《诗经》等，对于心理学尤其是表达性心理治疗，都具有十分重要的意义。而他自己，对中国文化精髓早已默记于心，这体现于其表达性心理治疗的专业实践，体现于其作品《孩子的心灵》。

本书译者穆旭明先生曾随山中康裕教授治学多年，深得其思想与方法要领及信任。他尽心将此书译出，也正是体会到了山中先生写该书的原因：无论哪一个国家，开拓美好未来需依靠这些可爱的孩子……感悟其中的力量，正是我们的责任。谨以“孩子心灵，魅力无穷”作为序言。

申荷永
心理分析师（IAAP）
沙盘游戏治疗师（ISST/STA）
IAAP暨ISST中国发展组织负责人
2017年6月于麓湖洗心岛

中文版（新版）序言

作为《孩子的心灵》一书的作者，我遇到了非常难得且由衷感到高兴的事情。这本书的译者穆旭明先生告诉我，该书（原名《少年时期的心灵》，人民卫生出版社，2009）与之前的出版社已经协议期满，世界图书出版公司的曹文编辑提议出版新版书籍。因此，他委托了我，执笔新版图书的序言。

我的这本著作早在1978年，由日本著名的出版社——中央公论社首次出版发行，至今时隔三十九年了。但是，即使在今天的日本，此书依然非常畅销，拥有大量的读者。前些天，在与我个人提倡的“表现疗法”方法论持有完全不同立场的“认知行为疗法”的专家、东京大学医学部毕业的精神科医生原田诚一先生展开的《公开来往信函》（中山书店出版）交流中，这本著作也被一再提到，获得了更高的评价。由此可见，《孩子的心灵》并非一本“旧书”。于是，我也“理直气壮”地答应了出版新版。

深感荣幸的是，华南师范大学、澳门城市大学教授，中国首位荣格心理分析师申荷永先生特意执笔了本书的推荐序言。我由衷期待更多的中国读者阅读此书，深信它能为类似书中提到的、由各种障碍导致的痛苦不堪的孩子们带来福音。我怀着满腔的热忱，衷心祝愿中国所有的孩子都能迎来美好的未来。

山中康裕

京都大学名誉教授

京都赫尔墨斯研究所所长

中国表达性心理治疗国际学术研讨会外方主席

2017年5月10日

中文版（旧版）序言

能够在此为我的个人作品《孩子的心灵》写中文版序言，心里充满了无比的喜悦。这本书在日本已经是三十年前的作品了。然而，至今出版社每年都还在不断地增印。它受到了众多心理临床工作者以及心理学专业研究生的青睐。虽说这是一本专业书，但是已经悄悄地成了畅销书籍。对于作为作者的我来说，这无疑是件非常高兴的事。现在，本书又能够出现在广大中国读者的面前，更是让我感到万分喜悦。

我曾经受到邀请，访问过中国两次。第一次是参加2003年在北京召开的世界心理学学术年会，负责绘画疗法工作坊。随后，我又在2007年出席在苏州大学举行的中国首届表达性心理治疗和心理剧国际研讨会，做了题为“表现疗法的本质”的主题报告，本书的译者穆旭明先生为我翻译了演讲稿。无论是哪一次，我都遇到了被中国学子质疑的情景，但是后来他们非常热情地接受了我。两次中国之行都是值得本人纪念、回味的深切体验。

此外，2003年我还去了桂林与西安，寻访了个人敬爱的鉴真和尚、日本遣唐使空海法师和阿倍仲麻吕的足迹，也参观了兵马俑。2007年，当我来到苏州同里、上海，自高中以来憧憬的、长诗中的寒山寺就在我眼前，顿时回忆起日中两国持续交往的历史。从敬爱的圣德太子与隋炀帝的信件交往开始，两国间拥有了长达1400年之久的交往史。因此，每当访问贵国，心中时常怀着无比尊敬与感激之情。

对于现代中国来说，《孩子的心灵》也许是一本很时尚的书籍。书中包含了众多治疗儿童心理的最新知识，相信它会为解决今日中国儿童内心出现的诸多心理问题发挥很好的作用。无论是哪一个国家，开拓美好未来的是可爱的孩子。我认为，只有深信那种力量才是大人最重要的职责。祝愿本书能够被广大的中国读者所接受，并且能对大家有所帮助。

最后，衷心感谢协助本书出版的译者穆旭明先生。

就此搁笔。

山中康裕

前　言

作为一名精神科医生，这近十年来遇到了不少孩子。现在回想起来，通过这份心理治疗的工作，在与孩子们紧密交往的过程中确实学到了许多东西。与其说是从书籍、论文等刊物中学到的，还不如说是直接从内心痛苦、“活生生”的孩子们那里学到的。对于临床心理学家来说，最大的教科书正是我们面前的患者。至今，我才真正地领会到这种说法的含义。

执笔《孩子的心灵》一书，是把我至今为止的临床经验用文字的形式表达出来的一个过程。原本主要采用绘画、沙盘作品等与患者交流的我，通常处于抽象的意象（image）世界中。然而，现在要用语言来表达那些过程，对我来说却是一件极为困难的事。由于本人已决心迈出那艰难的第一步，于是便大胆地开始了写作尝试。

书中想让几位孩子直接登场。当然，如果那样的话，就必须考虑到个人的隐私问题。在不有损精神病理学以及临床心理学含义的前提下，我做了适当的更改。特别强调的是，书中所有孩子的名字都是虚假的，是本人设想出的名字。那些名字不仅只是一种记号，而且当您听到后立刻就能知道是哪个具体案例。对于那些命名，希望读者不要误解为恶作剧。正是对于孩子的留恋之情才有此创意。除此之外，完全没有别的意思。

比如“咬犬道太”，那是一个八岁的男孩。由于他平时行为粗暴、无论什么东西都咬，所以被领到医院。首次见到这个男孩，他就明显出现攻击性的言行举止，而且重复幼年时期行为的倾向严重。有时他居然会咬狗。不是被狗咬而是他咬狗。于是我给他取了“咬犬”的姓。他的名字“道太”是从游戏治疗过程中的核心部分“制作道路”得来的。关于咬犬道太个人走过的道路，书中第一章中有具体描述。

此外，“小红帽庭子”“地狱鬼太郎”“塞得过满诚”等孩子，我也都是运用同样的方法为书中的孩子们取了名字。书中的名字都是我的创作。但是，其中所有的内容都不是创作，一切都来自于我这十几年的临床经验。那也正是我和孩子们互相紧密交流的结果。

书中所描述的对象都是七岁至十五岁的孩子，笼统地把这个年龄段称为“少年时期”也许读者有疑问。我在本书的最后一章中会作有关说明。

书中的孩子一般看来都是被称为患有神经症的不正常儿童。他们往往是众人嘲笑、鄙视的对象，有时还被看作是危险困惑的人物。在团体中，他们甚至随时受到周围人的歧视与冷落。

然而，我并没有那样看待那些孩子，而是觉得他们很可爱，有时甚至会以一种难以用语言表达的敬畏之情去看待他们。那些孩子不仅独自忍受痛苦，而且又似乎无法面对周围的大人们的诉说。可是他们个人却处于一种无意识的状态。我们也许能够从孩子们专心致志的姿势中察觉到这一点。如果那样考虑，可以说那些孩子是家庭、社会的“镜子”。说到底，是象征了时代的一面“镜子”，他们的存在“反映了时代”。但愿本书是如实展现孩子内心的一面镜子。本人也想把他们向我诉说的众多事实、“真实景象”回馈于整个社会及时代。我应该有这个职责。

神经症儿童出现的症状及表现出的行为，通常与成人不同。与其说是儿童本人，还不如说是他们的行为会给周围的人带来麻烦。在神经症儿童的家庭、他们所在学校等一个个小社会中，所有的“秩序”都将受到破坏。乍一看，安定的“日常生活”也会被动摇。即使个人的力量再强大，也比不过一个个小社会的力量。因此，个人的举止行为往往被看作“异常的、脱轨的”，甚至会被摒弃。来我们这里就诊的儿童，正是处于那种危机之前的状态。“我的孩子会有什么变化吗?”家长们都寄一丝希望于心理治疗。如果我们可以耐心、细致地接受孩子们并且取得心理治疗上的成功，那么他们就能够重返各自所属的小社会团体中。

不过谈到这一点，也许会让读者产生疑问。即如果考虑原先让儿童出现“异常”行为、让他们“脱轨”的因素不是儿童本人而是所属小社会团体的话，即使让他们回到小社会中去，但从本质上说问题并没得到解决。也就是说，只是为了“适应”团体而进行的“治疗”，难道不是一种错误的思维方式吗?在此强调，对于神经症患者及精神疾病患者的病症来源，过去往往是考虑患者个人的遗传因子、性格等因素。然而现在，观点却有所改变，认为患病的大部分因素是由个人所处的“环境”所决定。因此，上述的疑问也就自然产生了。

即使以本人狭隘的经历来分析，也赞同上述的观点。通过心理疗法与孩子们紧密交流的我，也难以把社会看作是一个具有普遍真理、不变的群体。从另一个角度考虑，那些孩子在某种意义上是“牺牲的羔羊”。他们的存在可以让我们好好思考今后的社会及时代。我们也不得不把他们看作是宝贵的、活生生的“时代证人”。

阅读本书的读者一般都是健康的“常人”，可能是普通儿童的父母，也可能是他们的老师。大家往往会认为患有神经症的儿童与自己或自己的孩子没有任何的关系。但是如果冷静地去思考一下，其实那些“异常要素”作为一种“阴影”早已包含在大家的内心。或许部分读者也已经察觉到这一点。“阴影”一词，是瑞士心理学家卡尔·古斯塔夫·荣格[①]提出的概念。它指个人人格

① Carl Gustav Jung（1875-1961），瑞士精神科医师、心理学家，分析心理学创始人。——译注

中未经开发或者未得到发展的部分，即照不到光亮、没有发挥出作用的黑暗部分。一旦黑暗部分投射到周围的旁人，对于当事人来说，对方即是厌恶的、恐怖的存在，或者会毫不犹豫地疏远对方。这也是通常无缘无故歧视精神疾病患者的因素之一。

曾经写过《青年期》一书的笠原嘉先生通过分析上述精神上的“病理现象”来考虑何为“正常状态”。他把那种方法称为“病理法”，是设法找出病态中被所谓的正常现象掩盖而以至于看不见的部分。其实，我也是试着朝这个方向在努力。如果读者能够理解我的想法，当然很荣幸。

关于报告临床个案的形式，通常各不相同。例如，详细报告多个个案，或者只是仔细解释某个特殊个案等。然而对于我来说，却是试着从一个“特殊”的病态或者从整个治疗过程中设法寻找出真正含义上的一种“普遍性”，发现人原本应该具有的某种生存形态。

也许部分读者会把本书看作是一本治疗儿童精神病理的书籍。然而，它并不是一本精神治疗指南，只是来自我个人十年来临床经历中的部分内容。严格地说，本书在理论上缺乏严密性。但是，我依然竭尽全力向各位读者忠实地再现与孩子紧密交往的过程：描述他们的言行，记录他们内心的焦虑与痛苦。书中思维独特，融合了儿童精神医学与分析心理学两个领域的专业知识。对我来说，那也是一种全新探索。如果本书能够对从事儿童心理治疗的读者有所帮助，我将感到无比荣幸。

翻阅本书后，您将会认识到我的治疗方法大致有两个侧重点。一方面，虽说患者是孩子，但是我依然认为他们同样具有“完整的人格”，也与治疗成人般地对待、爱护他们。那是理所当然的事。另一方面，是侧重于以孩子的“内心意象”为主要媒体的治疗方法。通常，内心的意象极其抽象而且捉摸不定，因此往往通过采用一些特殊的方法将患者内心深处焦虑、愤怒的情绪引导于外界。具体地说，比如绘画、制作沙盘作品、解析梦境，或者采用摄影作品等视觉上的方式，也可以用诗歌、散文、书信等语言性交流的手法等。其实，治疗可以采取任何形式。当然，重要的是治疗过程中并不是我一味地逼压对方，而是在每一个儿童患者独自的“窗口”[①]中寻找答案。

自从著名儿童精神分析家安娜·弗洛伊德（Anna Freud）、梅兰妮·克莱茵（Melanie Klein）的杰出研究成果问世以来，通常认为绘画或游戏是儿童精神疾病最为恰当的“治疗方法”。对于从事心理治疗的医师来说，那也已经被视为常识。在此，给各位读者简单地介绍一下理由。

① 英语“channel”。在自闭症儿童的治疗过程中，作者强调密切关注每个儿童患者向外界传递出的不同信息。例如，有的儿童喜欢游戏拍照，有的则爱好音乐钓鱼等。治疗师应当通过从患者儿童的“窗口”中传来的信息与他们进行密切的交流。——译注

通常，在治疗成人的时候，采用弗洛伊德的“自由联想”、荣格的“解析梦境”等方法。那些手法无疑是以语言为媒介。可是当患者是儿童时，他们的语言表达能力还未分化，虽然治疗过程中儿童的语言能力会有所提高，但是，如果运用完全依靠语言的治疗方法，整个治疗过程将会出现难以展开的局面。然而通过玩耍或绘画，儿童往往会十分自然地将内心的意象展现于外界。至此，只是作为表面症状而深藏在内心深处的隔阂，也可以通过作品中的意象找到出口。在表达的过程中，儿童内在的焦虑不安会随时发泄出来。我们也可以通过意象产生更多新的联想。那样，儿童的内心渐渐得到统合，心中的问题也就迎刃而解了。

目 录

CONTENTS

第一章

从攻击性行为退化到制作道路的开始

（咬犬道太 八岁）

相遇的瞬间

说一个八岁男孩，名叫“咬犬道太”的故事吧。

回想起来，已经是近十年前一个晚秋发生的事情了。我当时接到某个前辈医师的委托，他说道：“今天早上有个来就诊的男孩，今后还是拜托你负责治疗吧。听说他现在住在小儿科。那孩子不管什么东西都咬，所以被介绍到我们这里来。依我看，他的情绪很不稳定。正巧今天下午你负责儿童就诊，我让他下午再来看一次。你试着和小儿科病房联系一下吧。等你有时间，帮忙看看。”

经常咬东西，那到底是一个怎样的孩子？我边思考边打开了个人研究室兼游戏治疗室的房门（听起来似乎很气派，房间里也只不过放着一张桌子和一个书架。当时大学附属医院率先引进箱庭疗法，因此也杂乱地摆放着沙盘及一些玩偶）。通常，治疗室内不可能有人在。然而令我意外的是，眼前却出现了一个男孩。还没等我来得及思考，他手中的玩具枪朝着我“砰”地开了一枪。

“啊，被打死了！”我毫无疑义地叫了一声，立即倒在了地上。

这就是道太与我“相遇的瞬间”。

“你就是道太？”

“是的。叔叔，你是谁啊？”

“我是今后负责你的医生。怎么样？”

“是吗？是山中医生啊。”

“你怎么知道我的名字？”

“上午在神经科就诊，有一个医生，叫什么名字呢？……对了，叫大原。是大原医生说下午有个叫山中的医生会负责我。”

“原来是那样。没错，我就是山中。你在这里干什么？”

“一看就知道了啊，我在玩。为什么房间里有玩偶？大原医生让我下午来这个房间……”

道太的生活史

与道太如此意外的相遇，说实话，令我有点难以应付。不过，也正是那样的相遇，首次面谈便非常自然地展开了。我立即判断道太可以采取游戏疗法[1]治疗。我们俩好好地玩了一会儿。我

① Play Therapy：原则以儿童为对象，主要通过游戏的形式给儿童患者进行心理治疗的一种技法。——译注

让道太的母亲也来到治疗室。询问有关事项后，大致了解到以下情况：

> 道太在家中是独生子。父亲也许当时有一份特殊工作，所以结婚很晚。到了五十多岁才有缘结识比他小三十岁的女性，也就是道太的母亲。在道太出生不久，父亲不巧遇上交通事故失去了那份工作。于是母亲就不得不一个人负责所有的家务琐事，挑起家庭的重担。
>
> 或许是母亲产钳分娩的缘故，又可能是因为道太六岁时摔倒，头部受到强力碰撞，当时医师给他拍了脑电图，结果诊断脑内“有异常”，说是“癫疯，治不了”（这次住在小儿科进行治疗似乎也是同样的理由）。但是，以我们神经科检查结果分析，道太除了通常所说的问题儿童、常见的六到十四大小的棘徐波成分以外，大脑左右两边没有任何差异。因此，我认为小儿科判断“伴随性格异常的杰克逊癫痫（Jacksonian epilepsy）”症状为时过早。
>
> 去年九月，失业中的父亲又不幸患上结核病而不得不住进疗养院。据说，从那时起道太就失去冷静，情绪急躁，开始渐渐咬起东西。现在，他几乎毫无意识地会将东西放到嘴边，特别爱咬衣服和鞋。从学校回家，有时上衣甚至会被唾液弄得湿淋淋的。听说前些日子在学校回家的路上道太还咬了一条狗。与狗咬人相反，是他咬了狗，以至于狗立即逃走

的地步。

关于道太的性格，母亲说他是一个“小心谨慎、害怕寂寞、喜欢撒娇”的孩子。道太三年级的班主任写来了学生评语，“从二年级开始，那孩子就毫不介意地去做大家极为讨厌的事情，不顾周围同学的反应。他不会整理东西，动作迟缓，说好的事情会无故撤回。”

综合母亲话语中得知的道太生活史、在小儿科检查得到的数据结果，以及本人对道太行为的观察，与其说是癫痫，还不如判断是神经性的行为异常。我决定结束道太“为了检查”而持续了一个多星期的住院治疗，让他立即出院。随后与母子俩签定了一周来医院治疗两次的合约。孩子在小儿科被诊断出了一个难懂的病名，而且又被说是治不了，因此看得出当时母亲是一声不响，无可奈何地离开了医院。

制作道路的开始

第二天，我的“治疗”开始了。虽说是治疗，并不是打针，连服用的药物也尽量控制到最小剂量。治疗的大部分时间都在刚才提到的“治疗室”内度过，只是让道太玩耍各种玩偶而已。

那天，道太对箱庭疗法的沙盘只显示出五六分的兴趣。他

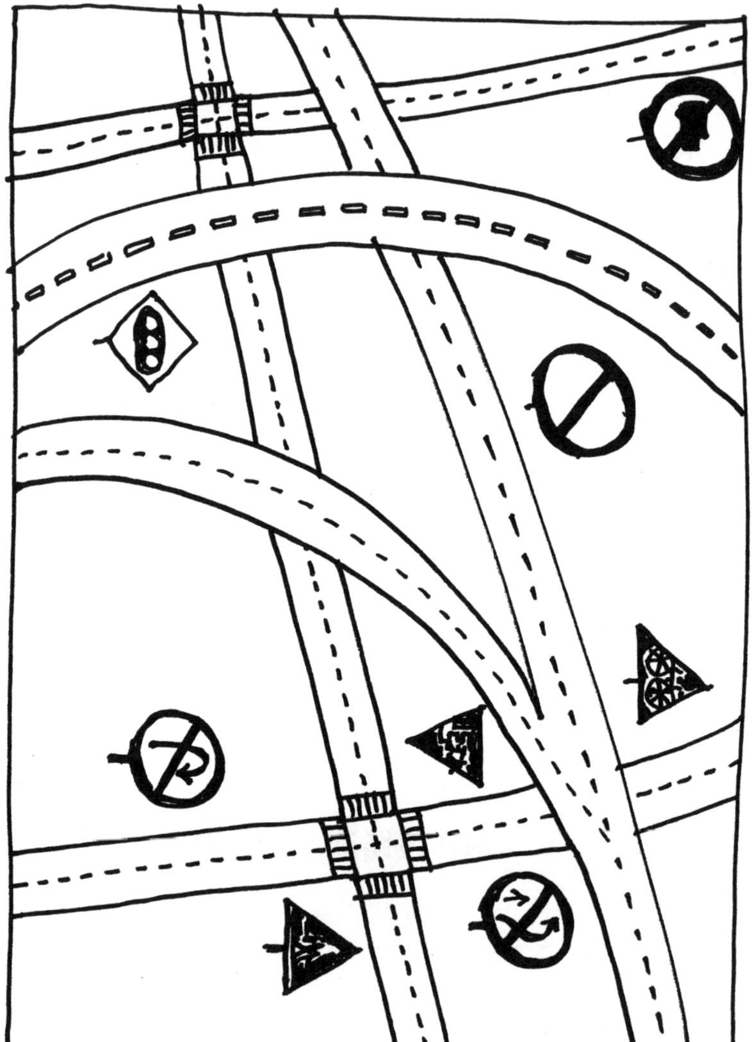

用尽力气把均等铺设的沙子都堆到沙盘一边，让涂有蓝色油印的沙盘底部露出了表面。随后，从玩偶架上拿了一只怪兽放在沙盘中，而且反复多次怪兽似的暴跳动作。过了一会儿，道太将玩偶随手一扔，连沙盘也不看了。他在做什么呢？

“叔叔。”

“我有名字，叫山中。”

“啊，山中医生。这里放着的所有东西都可以玩吗？”

“都可以。”

“那，我要把这块大积木拿出来。你快帮帮忙啊。”

“好。你要做什么？”

“叔叔。哦，对了，是山中医生。刚才你不是说，这里的东西只要不弄坏都可以玩吗？”

“是啊。”

“那我在玩的时候，你可不要乱说话。”

“知道了，我什么也不说。”

于是，道太立即把积木箱子翻了一个身。把箱子里10厘米×10厘米×20厘米大小的大块积木一块一块都横放起来。积木的间隔大约有二十厘米吧。整个过程都在一间狭窄的房间内进行，于是摆设的积木很快就碰到了墙壁。他灵活地将积木摆成了曲线型，终于摆设出铁路轨道似的一条长线。再略微仔细一看，积木间还摆放着沙盘游戏中的树木、道路指示牌等玩偶。

“道太，还有最后五分钟。”

“那么快。要结束了啊。”

“做了什么东西？”

“一看不就知道了，是一条道路……”

“是道路啊。如果积木再多一点儿，就可以排得更紧凑些了，不会留出那么多空间。”

“只有这些积木，也没有办法。”

可以说，道太在玩耍时根本没有出现咬衣服与指甲的现象。当我说了游戏时间结束，他便突然开始咬起指甲来。那时，脸上还露出了生动的表情。

从那天“制作道路”开始，道太持续了很久，直到整个治疗结束。制作道路是他个人非常重要的课题。那个步骤也可以说是道太追求与重建个人人格的“一条道路”。因此，我给他起了“道太”的名字。

违抗“禁止”

这一次治疗，道太在沙盘作品中也花了不少时间。他制作了一个可以随处放养动物的“自然公园”。朝着公园紧闭的大门走去的一头大象和一只横跨在沙盘框架上的狮子，令我印象深刻。除了沙盘以外，房间里依然摆放了许多积木。道太把它叫作“高速公路”。不过奇怪的是，路上的禁止右转弯、禁止直进、速度限定等“禁止指示牌”尤为醒目。相反，同样放在玩偶架上的可右转弯、可轨道内直行、停车场等“许可指示牌”却一个都没用上。

道太玩得特别入神，几乎不说话。我站在一边看着他，不断猜测道太内心变化的过程。

第一次的沙盘作品，即使说是一个作品，道太也只不过把沙子随便移动了位置，让怪兽变得凶暴而已。不过，那些举止诉说了道太的现状，即极端的攻击性行为与丧失自我的表现。在班级中犹如“怪兽”的他，是过于调皮以至病倒而来到了医院。这次，道太没有以纤细栅栏包围的形式制作“自然公园”，而是做了一个极大的框架。动物们是“放养”的状态。可是，从各种禁止指示牌可以明显看出，在日常生活中，当道太与外界接触时，听到的声音必定是“禁止”两字。

“禁止咬东西！”

“禁止欺负女孩！”

“禁止大声说话！”

“禁止弄脏衣服！”

“禁止欺负小动物！”

“禁止遗忘东西！”

“禁止！禁止！禁止！……”

从母亲的话语中，可以了解到道太每天在家不停反抗，任性不已。母亲强调“禁止这个”“禁止那个”也是迫不得已。能够想象“自然公园”内没有设置任何禁止牌的“高速公路”，对道太来说必定是渴望“自由”的象征。朝着紧闭大门走去的大象、那扇“即将打开的大门”也正是道太内心聪明智慧的具体表现。横跨沙盘框架上的狮子处于鸟瞰外界与内界的位置。无论是考虑狮子乃百兽之王的地位还是它身上密厚的鬃毛，都是威力的象征。或许，狮子玩偶也意味着治疗师本身。

在第三、四次的沙盘治疗中，道太也制作了同样的“高速公路”。随着治疗次数的增加，道太在制作过程中显得更加仔细。他在完成道路的基础上又制作了红绿灯、单行道、人行道等。而且在第四次治疗时沙盘也整理得相当清楚。道太制作了以下的作品：

> “沙盘中央有一扇门，把沙盘左右两边划开。左边，从茂密的树木丛中可以看到灯笼。乐队在演奏。具有浓厚的宗教氛围。右边却渺无人烟，寂静无声。另外，那里还开了一扇门。”

我注视着整个作品，脑海中自然浮现出了一个假设：这支乐队是来自于内心无意识所涉及的宗教，是从“森林深处”发出的一种能量正朝着意识的水准渐渐展开的具体表现。乐队的出现意味着“第一道大门”即将开通。道太也渐渐踏上了“治愈的轨道”。

第五次治疗发生了有趣的事。道太在沙盘中制作了有隧道的山，天边有一只鹈鹕，旁边一头猛狮瞠目而视，鹈鹕似乎在大声喊叫“渴望自由”。

沙盘以外，治疗室的地板上铺着一条道路。上面有隧道，也可以看到远处开来的火车。意想不到的是，居然有一辆出租车大模大样地横穿铁轨！此外，道太在出租车旁边摆放了禁止停车、禁止“时速三十公里”的指示牌，而他依然又在那里停了两辆车，并且嘴里说道：“这辆车时速五十公里啊！”

正巧，母亲打开游戏治疗室的房门，她似乎想与我交代什么重要事情。当看到道太玩耍的样子，看见火车前面大模大样横跨铁轨的那辆出租车后，立即大叫：“你怎么可以那样放呢？汽车横穿火车，太危险了！！”站在一边的道太也强硬地毫不示弱，“这不是什么问题。你不用多管！！”

从母子俩极其细小及刹那间的交流中，我察觉到其中隐藏着的深刻含义。即通过“游戏”，母子间得到了一个很好的交流机会。与道太“咬东西”的神经性行为相比，对于这次母亲的强烈指责，他并没有采取过去的行动。相反，他却能用语言明确地强调“个人的立场”了。

随后，我与道太母亲进行了面谈。她说道：“从上周开始，道太咬东西的现象明显减少了，而自己（母亲）变得急躁不安了。”孩子“症状”减弱，相反，母亲内心的“焦急不安”增加了，从中可以判断孩子的症状是由“家庭环境的不稳定”所引起的。从治疗开始，我始终没有给道太服用药物。那也许造成了母亲内心的焦虑情绪。由于当时还没有母子两人同时治疗的医疗体制，所以也没有特地实施为母亲所做的心理咨询。接受了面谈后，按道太母亲的要求，我决定给她服用微量的安定剂。

“零的世界”

初诊以来大约过了一个月。那是第八次就诊，道太咬东西的行为几乎消失。母亲说，“这段时期，孩子的反抗行为变得多起来”。

从沙盘作品来看，道太把“名古屋车站”做得认真而仔细。

道太说：“通往山中医生的路线，我也制作好了。”这说明他与治疗师之间的关系已经十分融洽。此外，据说道太即使在家里，也能看到在游戏治疗室内富有假想的表达方式。

第九次治疗。沙盘作品是至今为止没有见过的，是一个与过去所有作品截然不同的作品：

> “整个沙盘中乱放着许多贝壳类的生物，比如，多足虫、壁虎、蜘蛛、海星等，令人毛骨悚然。而且许多玩偶的颈部与手臂都被捏掉。到处都是动物的尸体……”

道太把那个景象称作“零的世界”。当我听到“零”时，立即想到了“幽灵”，不由大吃一惊。于是反问道：“是幽灵？”

“是‘零’。没有什么特别意思……也可以说是地狱吧。”道太一边说，一边仔细地注视着沙盘作品。“真厉害啊，连我自己都有点看不下去了……”

其实，我与道太当时是同样的心情。只是当我看到沙盘中“坐在火车上的小娃娃”玩偶时，内心便略微地稳定下来。因为我从那里看到了道太能够走向另一个世界的希望。

通常，如果沙盘作品中出现出乎意料的“乱暴景象”，治疗师应当慎重仔细地考虑。患者内心深处出现混沌，一般沙盘治疗会终止一段期间。混沌状态意味着举止超越了自我控制的能力，内心的无意识已经达到难以收拾的地步。那种状态甚至很有可能转变成精神病！然而，我们的道太在沙盘里摆放了通向另外世界的火车，从那里可以感受到他是面向着一个全新的方向。因此，我没有终止道太的沙盘游戏治疗。

全新展开

第十次治疗。恰好过了新年，计划中的治疗又重新开始。我向道太的母亲提议，从下次治疗开始让道太一个人来医院。那当然是孩子本人的想法。他现在已经有了一定的独立能力。母亲说，“路上太远，又必须换车……”于是道太立即说道：“妈妈，你可以不发脾气吗？前几天我一个人去港口玩了。路上还换了两次车。”他露出了得意扬扬的神情。母亲听了虽然惊讶不已，但是最终依然同意让道太一个人来医院了。“就从今天开始吧。”道太立即说要一个人回家。我向母亲提议，在“路上不耽误时间”的条件下可以接受他的要求。

正巧那天的“治疗”已经结束。道太在回家前，突然提出了一个颇有意思的问题。

“山中医生，你做这份工作是为了生活还是在做自己喜欢的工作？”

“为什么问这个呢？”我反问道。

“因为刚才妈妈回家前说了，让我不要忘记付钱。”

“原来是那样，太有意思了。可以这样说吧，既为了生活，也是我喜欢的一份工作。”

道太听了我的回答，笑眯眯地说了声再见，便高兴地回家了。

痛斥大喝

治疗过程中也曾经发生过这样的事。那是第十一次治疗。我边素描着道太的沙盘作品，边在记录病理卡。突然，一个玩偶猛烈地打到了我的脸部，连眼镜都掉在了地板上。当理解了道太内心的愤怒后，我便立刻向他道了歉。那是由于他似乎与我说了什么，而我只是随意敷衍了他几句而已。道太说，“以后再不理睬我，那就更不客气了！！”

虽说是一个八岁的男孩，然而他对治疗师的一举一动相当敏感。由于当时刚开始实施沙盘游戏治疗，我把所有的注意力都投入到了沙盘作品上，而“忽略”了儿童本人，以及患者与治疗师之间的关系。猛烈的一棒，犹如寺庙里老和尚的一棒，深深地提醒了我“治疗师与患者之间是更为重要的一种人际关系”。直到现在，当时的疼痛依然牢记在心，难以忘却。

到了第十二次治疗，道太显得十分神气，而且也很有礼貌。他完成沙盘作品后自觉地把玩偶都放回到了原处。某天，我无意中听到门诊挂号处的工作人员说道，“以前挂号就诊，那个孩子始终运用命令的语气，也经常匆忙地叫道：‘快，你们快帮我办理。’但是现在的态度截然不同了。他很有礼貌，不仅依次排队，而且回家前也会主动打招呼，说声再见了。”

可以说，在整个治疗过程中我扮演了“父亲”的角色。那是道太从未经历过的体验。那也可以看作是给道太“加了一个框架”吧。

第十四次治疗。道太“高速公路”的制作接近尾声。整个治疗室几乎没有空隙，都被大块的积木占据了。这次制作的并不是类似过去的平面作品，而是一个立体的造型，可以说“非常漂亮”，有立体的红绿灯、停车场、林荫大道。从那些摆设能够看出道太内心的变化，他似乎逐步恢复到了一个“自由”的空间。此外，道太的母亲也渐渐具有了察觉自我的能力。她也提到似乎个人需要治疗。来治疗前，道太在学校团体中是孤独的存在。然而现在，他能够结识几个新朋友一起回家。在学校，他也能和同学们和睦相处了。三月中旬，就在道太三年级即将毕业时，治疗也自然结束了。

对“症状”含义的疑问

听了“咬犬道太”的故事，各位读者有什么感想呢？或许认为他是一个有趣的孩子，也可能感到他很聪明。现在回想起来，道太因“咬东西”被带到医院就诊，正像班主任评语中所写的那样，是一个“毫不介意做大家极为讨厌的事情、说好的事也会无故撤回”的男孩。也因此，道太受到大家的讨厌以至于周围没有任何朋友。随后，他越来越恶作剧，形成了一种恶性循环。

学校老师、母亲和小儿科的医师都把道太的行为归结为“大脑有问题”。他们给道太拍脑电图。诊断结果发现异常后便开始尝试治疗。但是，最终并没有取得效果。治疗队伍中的一位小儿科医师判断道太的“症状”是来自他个人的情绪。于是，母亲才把孩子带到我们这里来。

如果把道太的“症状”及乱暴的理由只是归结于“大脑有伤”，问题最终也不可能得到解决。当然，即使那么说，我也并不是不重视器质性问题（指强调由脑内的实质性问题导致的病态）。器质性问题固然可以考虑是一种病因。我也不是说药物治疗没有任何的意义。在某种情况下，适当的药物治疗也是必不可少的步骤。可以说，正是得到药物的援助才使我对某些个案做出了正确的判断。但是，如果只是一味地注重器质性问题，往往容易忽略问题的本质。拿道太来说，大家就忽略了他为何出现那种“症状”的理由。

回想一下道太与我相遇的瞬间。他当时没有得到任何允许，“随随便便”地进入了我的研究室（也是游戏治疗室）。可以断言，那种行为对他来说是从未经历过的。因为生活中的道太听到的回答都是“禁止”的命令。也因此，当我进入游戏治疗室，就受到了他作为防备的一个袭击。

我们也可以试着从道太的角度分析。当他接受某个医师的初诊并被指示下午再来我的治疗室时，可以猜测，他必定是急着想看看我这里究竟是一个怎么样的环境。打开治疗室的房门，看见房间里并没有通常的治疗道具及注射器，相反却摆放着沙盘和玩偶。看到那一切，道太必定把所有的问题都抛在了一边。例如，“我还没和今后的主治医师见过面，他到底是一个怎么样的医师呢？今后他会对我实施什么样的治疗呢？”等问题。

道太那天必定是匆忙地吃完午饭。他来到治疗室给了我一枪猛烈的袭击，可以说，那也是无意识地对我的一种考验。我不仅没有责备他，反而给予了很好的回复。道太本人也得到了极大的满足。为什么那么说？那是因为道太必定认为，“面对眼前这个与自己的视线在同一条水平线上的治疗师，他一定会仔细耐心地听我诉说吧。”

分析道太的问题，其实说到底，是至今没有任何人认真耐心倾听他的个人意见。相反，大家对于道太的言行往往不加思索、一味地指责，而且把那些举止看成“危险动作”。问题的关键就是道太的周围没有一个认真仔细、耐心聆听他倾诉的人。

道太症状出现的背景是，父亲失业造成了母亲的过度繁忙，现实生活的艰难导致家庭内失去了安定的环境。同时，父母也没有给道太提供一个倾诉的场所。当然，即使一味地指责父母，问题也未必能够得到解决。即使道太本人，也并不会意识到用牙齿咬东西是来源于个人内心积压的不安及忧郁。不是道太的责任，然而周围的人却都讨厌他，远离他，最终导致了症状的愈加恶化。在那种恶性循环中，道太被领到了医院。

自由与限制

希望各位读者不要误会，我在此所列举的成功个案，并不是吹嘘本人与他人有如何不同，想强调自己是一位何等“出色的医师”。我是一个极其普通的医师，并没有什么特别。我平时也会经常失败，也有很多事情办不了。不过，如果在此硬要说一句，作为一名精神科医生，特别是在掌握精神医学及心理疗法专业知识的基础上，我时常提醒自己：既然是一名专业人员，就一定要敬业。因此，从事心理治疗的专业人员，只要敬业，即使换了别人，大致也都会有同样的治疗结果。

我认为，所谓心理治疗师，其实是一个给内心焦虑、烦恼的患者提供最后的“自由”，让他们享有“自由的时间与空间”的人。想让患者享有“自由的时间与空间”，也正如刚才强调的治疗师的“专业技术”。即心理治疗师必须具备一定的专业知识。想让患者通过自身的力量恢复到原本状态，提供“自由的时间与空间”则是相当重要并且必不可少的前提。同时，即使强调那种自由的时间与空间与日常生活中的时空概念截然不同，也并不夸张。得到了可以“自由”发挥、表现的环境后，为道太对语言的敏锐感觉感到惊讶的读者也一定不少吧。本人也是多次惊奇不已。在此，我们可以清楚地看到所谓的“症状”是如何抑制了少年内心自由的流向。同时，也可以理解在孩子类似大人的话语中，其实他们本身特有的天真烂漫的侧面已经得到抑制，也不得不对大人的言行变得尤为敏感了。

在此，我写患者是通过自身的力量恢复到他们原来的状态。也就是说，我们并不考虑要治好患者，或是治愈患者。确实，日常生活中如果遇到一位非常优秀的人物，或许会自然地被对方的言行所感化，以至让某人形成一种完美的人格。不过，与其说要教导对方，纠正对方的错误，还不如说是在患者通过自身力量恢复到原来状态的过程中，我们治疗师应当给予他们相应的援助。我认为，那才是真正的治疗。那种观点也可以看作是教育的本质。为了能够做到那一点，保障患者的“自由”就显得更为重要了。那种“自由”，是自我表现的自由。它涉及孩子生活中类似语言、行动等的每一个环节。不过，即使那么说，也并不是让孩子随心所欲、放纵自如。那算不上“真正的自由”，只是“放任不管”。所谓“真正的自由”，是在必要适当的“限制”下自我表现得到完全保障的意思。

回到道太的个案。我让他严守治疗时间，在路上不耽搁时间的前提下允许他独自回家。也许各位读者也意识到那是对道太的“限制”。正是由于缺少了父亲的影响，所以对道太来说，类似那样的限制是必不可少的。

通常，孩子不会轻易听取大人的指责。相反，他们往往期望有人聆听自己的意见或者想法。只有在听取孩子的意见与想法的前提下，可以说，他们也是期望大人对自己有所限制的。

对道太实施箱庭疗法，极有意义。在下一章节中，箱庭疗法也得到了很好的发挥。也许各位读者不太熟悉那种技法。在此略作说明。

箱庭疗法

“箱庭疗法”是英国玛格里特·洛温菲尔德（Margaret Lowenfeld）女士为更好地理解儿童内心世界而开创的一种技法。师从洛温菲尔德女士，随后接受瑞士精神科医生卡尔·荣格指导的多拉·卡尔夫把它作为一种心理治疗技法发展开来。而将这种技法于一九六五年引进日本的，是当时在瑞士苏黎士荣格研究所留学，随后回国的京都大学河合隼雄[①]先生。

箱庭疗法是在一个内侧尺寸为57厘米×72厘米×7厘米、放有沙子的盘子里（那种尺寸通常是从儿童的视角望去能够看到沙盘整体大小的、最适当的尺寸）随意摆放各种玩偶的一种游戏治疗方法。事先准备的玩偶种类及个数，没有具体规定。房屋、树木、人物、动物、怪兽等玩偶，每种都准备二十个左右。当然，玩偶的种类越多越好。事实上，制作沙盘作品的儿童往往会非常熟练地运用各种玩偶，例如泡沫塑料。他们有时用它制作成大雪，有时把它制作成一座类似钢筋混凝土的墙壁。如果事先再准备一些树木片、小石子等没有具体形状的东西就更好了。治疗师对儿童指示，“你用这里的沙盘和玩偶，随意做一个喜欢的作品吧。”沙盘作品完成后，通常治疗师会询问患者做了什么。但是

① 河合隼雄（Kawai Hayao），日本临床心理学者，日本荣格分析心理学奠基人。——译注

如果对方没有回答，那就不必多问了。正如以下所述，沙盘作品本身已经远远超越了语言的诉说。

箱庭疗法的对象不仅仅限定于儿童，成人患者也同样可以采用。特别是在患者语言表达困难，肢体出现症状的情况下实施为佳。箱庭疗法通常适用于神经症、疑病症的治疗。另外，它也被运用于精神病患者的治疗中。然而，如果治疗技术与病理学专业知识没有得到保证，那么在那种情况下，整个实施过程就可能相当危险。因此，精神病患者的治疗一般不推荐采用箱庭疗法。

那么箱庭疗法为什么又比较适用于神经症患者的治疗呢？因为触摸沙子及玩偶的感觉可以让患者的行为有适当地退行（幼儿化过程）。与绘画相比，制作沙盘作品不需要任何的技术功底，是让患者自由地表达内心意象的一种方法。沙盘的“框架”也可以看作是一种“限制”。刚才提到的“自由”与“限制”在沙盘治疗中有了具体的体现。对于神经症治疗可以起到有效的作用。当然，实施箱庭疗法最为重要的是一定保证治疗师的存在。治疗师本身其实也是一种“无形的框架”。治疗师的存在与个人独自制作沙盘作品，两者间的意义当然截然不同。

我从瑞士多拉·卡尔夫女士那里学习了箱庭疗法。正如河合先生所说，“沙盘游戏治疗对善于用直觉描述事物意象的日本人来说是最合适不过了。”对于那种说法，确实本人也深有同感。以河合先生的作品为首，箱庭疗法的相关资料也日益增多。相信这种心理治疗技法今后会有更好的发展。

第二章

缄默的出入口

（无嘴太郎 七岁）

三年半的沉默

说一个名叫“无嘴太郎”的七岁男孩的故事吧。太郎当然有嘴，只是闭口不开。不过他也并不是完全不说话。他在家极其自然。可是一旦走出家门，他就变得什么话也不说了。

在幼儿园的两年和进入小学后的一年半，一共三年半的时间里，太郎是一个走出家门绝不开口的男孩。在家能够和父母随意聊天，因此太郎的行为也没有引起家人的特别注意。最早提出让太郎到医院来就诊的，是学校的班主任。

听了太郎的病历，我立即判断是“选择性缄默症（elective mutism）”。那种症状如果运用一般的药物治疗，显然就没有任何意义了。我决定给太郎实施箱庭疗法。为什么采用那种技法呢？箱庭疗法是一种非语言的心理疗法，可以通过沙盘作品与患者进行“交流”。我们的太郎不说话，就连脸上都没有丝毫的表情。然而，面对沙盘的他却似乎安心自如。虽然一声不响，动作笨拙，但是对于整个沙盘制作过程，太郎显得十分热心。

最初的作品是《森林》。在棵棵树木的间隔中，牛、马、鹿、熊、长颈鹿等动物都摆放了两个。只有一头大象背朝着其他动物，孤立地站在一边，令我印象深刻。可以察觉到太郎必定是把自己的形象寄托于了大象。因为大象不爱开口，在沙盘中也是远离伙伴，高高耸立的姿态。

死与再生的仪式

治疗第二周。太郎在约好的时间内准时来到了医院。他立刻跑到沙盘边，开始制作起沙盘作品来。首先，他拿出熟悉的大象玩偶摆放在沙盘中央略微朝上的位置。在与大象姿势相反的位置，太郎也同样摆放了一头象。接着，河马、牛、袋鼠、马、犀牛、鳄鱼、熊……各种动物都以面对面的形式各放了两头。动物们的两条队伍立刻碰到了沙盘左侧的边缘。太郎略微休息了片刻，随后慢慢地拿起沙盘左侧的两头大象，做出互相斗争的姿势。两条长鼻互相摩擦，身体互相碰撞，象腿互相乱踢。经过了两三个回合，两头大象终于都倒在了原来的位置。接着太郎指示动物们按照河马、牛、袋鼠……的顺序，用与刚才完全相同的方式进行了战斗。同样的受伤，也都同样倒在原来的位置。太郎十分认真，连额头上也冒出了汗珠。但是，他就是一言不发。我倒吸了一口凉气。可以说，我是亲眼看到了一场壮观的战争吧。太郎做了个深呼吸，拿起刚才倒在地上的大象，沿着沙盘的框架，朝着逆时针方向旋转了一圈。当回到原来位置时，正巧碰到另一头倒在地上的大象的长鼻。于是，那头大象又忽地而起。接着太郎同样将河马、牛等所有的动物都恢复了生命。游戏也就此结束。

我惊奇地看着沙盘作品，简直难以想象操纵着那场壮大“仪式”的导演竟然是一个年仅七岁的男孩。所有一切，犹如在梦中偶然遇上了一场动物的死与再生的仪式。

通常，仪式赋予各种不同的含义。例如，日本民族学家大林太良曾经强调仪式具有“恢复丧失的平衡状态”的含义。此外，仪式也有“从混沌转变到秩序”的意思。

下一次治疗，太郎没有像以往那样兴致勃勃。也许是制作上一次沙盘作品花费了大量的能量，又或许是精神发泄后呈现出的虚脱状态。他无精打采地站了很久，只是在沙盘中放置了四间房屋，随后就放弃了。

绘画在诉说

这次治疗，面对沙盘的太郎似乎完全没有兴趣，只是呆板地站在那里。我判断暂时停止沙盘制作。那天，我们俩只是随便玩了一会儿套圈游戏而已。太郎回家前，我顺便给了他两三张画纸，吩咐在画纸上随便发挥，任意画画，并且让他在下次治疗时带来。

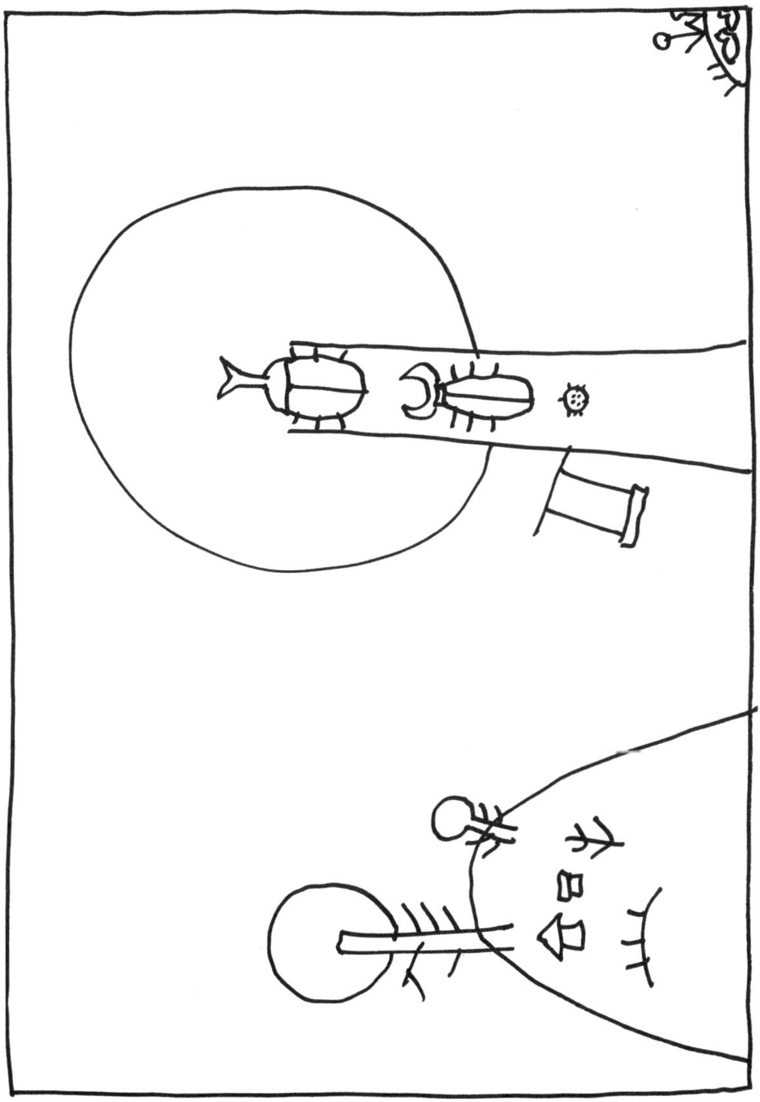

这天，我从太郎母亲的话语中得知太郎两岁那年在动物园里迷路的经历。当时家人好不容易找到太郎。惊奇的是，他居然不哭不闹，静静地坐在食堂里。

太郎果然带来了两张画纸。一张画有树木，另一张则是战斗中的怪兽。树木的绘画作品令人颇感兴趣。树木画通常容易投射出画者自身的形象，因此也往往运用于心理测试。通过太郎的树木画，可以鲜明地了解到他的现实状况。略为粗大的树干上方是敞开的状态。一条包冠状的长线把内外界明显地划分开来。停留在树枝上的大量昆虫，令人不解。从上至下依次画有独角仙虫、鹿角甲虫、异色瓢虫等。那些身体极小并且带有硬壳的昆虫都是象征“缄默硬壳”最合适的动物。我后来才知道太郎的缄默也正起因于鹿角甲虫。

说到这里，读者也许会认为，那难道不只是一张儿童的绘画作品吗？从中能够看出什么奥妙吗？然而在临床治疗中，确实可以鉴赏到“胜于雄辩”的绘画作品，并时常令人感叹不已。

“关键体验”的记号

这一次治疗太郎又带来了几张绘画作品。无论哪一张，都画着怪兽战斗的场面，而且每张作品都有一个难以称呼的名字。以我看来，这些都是势均力敌的战斗场面。

由于我的原因，那次治疗后休息了一周。正巧又遇上太郎的母亲有个人安排，所以治疗连续停止了两周。当太郎再来就诊时，总共带来了六张绘画作品。

第一张作品是太郎家里的客厅。画纸上画着各种家具，冰箱、衣柜、梳妆台、电视机、灯罩、钟、挂历等。可以看出，画中的所有东西都画得非常认真仔细。钟面上还可以看到“十四日星期二六点十五分”的具体时间。如果上周不是太郎母亲有事，太郎能来医院的话，那张画应该是就诊日前一天的作品。电视机插着天线，上面放着削铅笔刀。梳妆台上有粉饼化妆瓶。就此可以观察到太郎是用了非常冷静的目光，仔细地注视了周围的所有事物。

接着的三张作品都是两头怪兽战斗的场面。第五张作品画了《太阳与树》。那棵树与以前作品中的树木几乎画在同样的位置，而且树的整体大小也基本相同。这次，几根树枝朝外延伸的姿态特别显眼，树枝上还画有几片树叶。树根处有一只竖起耳朵的兔子正注视着周围。兔子脚边放了一些胡萝卜，周围还生着茂密的小草。山的那一头太阳刚刚升起。整个作品让人感受到“潜藏在内心深处的部分即将萌发新芽”的景象。

太郎最后摆在我面前的是一幅特别不同的作品。只有这幅画的大小是其他作品画纸大小的两倍。上面画了一艘大船和一条注视着船的鲸鱼。船上开有许多窗口。船头上有六艘救生艇。船舱内藏着一艘潜水艇。船桅看守台上有人在挥动旗子。从烟的方向可以判断船正是朝着右边行驶。鲸鱼静静地注视着轮船，像是在迎接着它。我直觉到，太郎认为与我之间建立了“良好”的治疗关系，同时他也能够渐渐展现出个人的核心问题。那是当我看到船舱中内藏的潜水艇而产生的联想。长久以来深藏在太郎内心中的攻击性，现在也终于慢慢地露出全貌。

那天，母亲诉说了对太郎来说最为重要的一段经历。

> “那件事情发生在我们家人正犹豫是否让孩子进入幼儿园的阶段。我们孩子本身周围就没有朋友。没想到，他竟然有了喜欢的小女孩。女孩生日那天，太郎送了些鹿角甲虫。不料，她似乎很害怕，突然间大哭起来。正巧当时街上有个过路的女人看到了那个场面，就责怪起太郎来。‘你是哪家的孩子？怎么惹女孩哭呢？’她拉着太郎的脖子，把他带到家来。我在家正忙这忙那的。当时自己孩子被骂着回来，我也特别生气，不得不赔礼道歉，还答应今后一定带太郎去女孩家赔礼。”

对于太郎来说，那场经历必定是“关键体验”。不用说，太郎一定是把个人最为宝贵的鹿角甲虫送给了自己最喜欢的女孩。然而，没想到事与愿违，他的行动竟惹得小女孩因害怕而大哭。更不幸的是，看到场景的旁人却又以成人的眼光及逻辑性的判断方式一味地指责太郎。甚至连太郎的母亲也同样批评了他。

对于大人的言行举止，太郎无疑难以理解。经历了那场“关键体验”，太郎内心肯定深深地留下了一个印象。那就是“在众人面前一定不能乱说话”。

破壳而出的前兆

从这次治疗开始，我决定让太郎恢复制作沙盘作品。那是看到上一次的绘画作品《大船》后得出的判断。我也察觉出太郎似乎有了充分的准备。恰好预料之中，他高兴地制作起沙盘作品来。这次太郎用大量的水做成了大海。把沙子聚集到沙盘中央形成了一个岛屿。四周栅栏紧紧包围着那座小岛。岛屿中挖了一个洞。太郎似乎把所有的东西都藏在了里面。洞口用盖子盖着，即使想看，也什么都看不见。不过，一不小心盖子突然掉了下来，于是便看到了里面隐藏着的潜水艇。太郎立即把所有围在岛屿周围的栅栏都撤走。忽然间，潜水艇被紧紧地包围了起来。

看着太郎的整个制作过程，我不由地浮现出以下的解释：绝海孤岛中的潜水艇即是太郎内心中的情结（complex）[①]。它的核心必定是“关键体验”时萌发出的强烈的攻击性（愤怒）。

① 荣格强调，个人潜意识主要有各种情结构成，而集体无意识的内容则主要是原型（archetype）。——译注

深藏长久的压抑在内心的攻击性已经呈现在意识水平上。通常，如果积压过久的愤怒情绪突然爆发出来，往往容易伤害到当事人本人。因此，当潜水艇在海上稍稍露面后，就立刻被紧紧包围起来了。

随后，太郎在沙盘中埋了几条蛇。他连续做了几次蛇从沙堆里蜿蜒爬出的姿势。正巧那段时期，太郎学校里发生了一件事。母亲被叫到学校，于是老师向她告了状。“至今不爱开口而令人困惑的太郎，最近又有了更烦恼的事。”据说，太郎上课时把橡皮弄成一小块一小块的橡皮头，到处乱扔。

我认为，对太郎来说，那种行为正是他即将开口的前兆。为什么做那样的考虑？乱扔橡皮头的举动，其实是太郎表达内心想法的一种方式。我立即与学校老师通了电话。我听出班主任对太郎的行为似乎困惑不已。“该怎么办才好啊？真令人头疼。我们也知道不能乱批评学生……”听了老师的述说，我拜托他们，“那是太郎在学校里第一次表达出了个人的想法，请不要批评他。务必请你们好好照顾他。”

过了一阵，太郎走出游戏治疗室，开始进入隔壁的治疗室。那种举动是对“缄默硬壳”的突破，是“超越框架”的表现。在学校乱扔橡皮头，也可以那样理解吧。太郎在隔壁的治疗室找出新干线的玩偶，还有铺有轨道的火车。他把那些玩偶都拿到沙盘治疗的工作室来，随后兴致勃勃地开始架起轨道，开起火车来。轨道连接后，通常形成圆形。但是，太郎手中的轨道并没有拼得完整无缺。因此，火车在途中不得不终止运行。

在以后连续几次的沙盘作品中，太郎经常做让蛇慢慢从沙中爬出，一直爬到沙盘框架外面的动作。他还多次尝试拼制一条完整的火车轨道。由于缺少一段轨道模型，所以最终整条轨道依然没有形成完整的圆形。

“我开口了！”

没想到在这一次治疗中，太郎终于找出所有的轨道模型，成功地制作出圆形的模样。而且他在轨道上摆放了新干线，让从沙盘中爬出的蛇爬在上面。那是一个非常具有象征意义的图形。大型新干线的两侧摆放着小型新干线。小型新干线上又爬着一条一条的小蛇。大蛇背起小蛇，互相卷起身子，又一起回到沙盘中。那个象征性图形是出色的圆形，令我印象深刻。大蛇身背小蛇的一幕，犹如母子间恢复了关系，是一种象征性的表现。

当治疗结束，准备回家时，太郎说：“我在学校里说话了！”至今在游戏治疗室内一言不发的他，居然开口说话了。当惊讶地问到具体内容时，太郎仔仔细细地描述了整个经过。

前些天上课，班里的淘气王没有扔橡皮头，竟然扔起了拖鞋等东西。不巧，拖鞋砸到了某个女生的脑袋。她大哭起来。班主任也终于忍不住地叫了起来。“太郎，又是你在搞恶作剧！”“不！不是我！！”太郎立即站了起来，大胆清楚地反驳道。

绘画作品《出航》

最后一次治疗。太郎制作了与首次作品相同的《森林》。但是，这明显与上次作品有所不同。棵棵树木间生长着茂密的花草。有条大蛇顺利地在一棵高耸的杉树上爬。当它爬到树顶后，围绕树干转了一圈，又钻入了土中。接着，所有的树木与草都被拿走，加入大量的水形成了大海。陆地上摆放着红色屋顶的房子与汽车。潜水艇停靠在海边，据说即将远航。从土中又爬出刚才的那条大蛇。这次，大蛇犹如祝贺轮船出航似的爬入水中，而且几次钻过海底隧道。

那天，太郎带来了画有三层火箭的一张作品。跟随一号二号火箭的是即将发射的三号机。母亲带来的家长联络本上写着班主任的评语：

> “这两天，太郎兴奋地开口说话了。太高兴了！班里的同学也都高兴地说，‘太郎说话了’。长久闭锁的那扇沉重铁窗，终于打开了。忽然间照进了从未体验过的灿烂阳光。我深信，太郎今后一定会成为活泼开朗、具有男子气概的孩子。”

看到班主任的评语，母亲立刻回信道，“感谢您的来信。看了以后我非常感动，情不自禁地流下了眼泪。犹如沉重的包袱卸了下来，令我真的轻松了许多。”

持续了近三年始终闭口不开的无嘴太郎，终于通过自身的力量，突破了缄默的硬壳。他从我们的身边离去，渐渐地飞向新的远方。

优秀的教师们

在与太郎治疗的过程中，最令人高兴的是那位女班主任的处事方式。听从校长嘱咐负责带领一年级的她，对一学期中闭口不开的太郎引起了注意。那位教师也是动足了脑筋，试想了各种方法。例如，表扬太郎，在班里轮换座位、让太郎多与其他同学交流，等等。但是，所有的方法都没有取得良好的效果。于是，班主任便决定委托医院专家，让母亲把太郎带到了医院。

自从“橡皮头事件”以来，班主任负责的班级里不得不忍受橡皮头时常飞来飞去的现状，直到某个女生受到伤害，大哭喊叫为止。其实，那些过程正是形成治疗太郎的最重要的环节。

请各位再回想一下。致使太郎形成缄默硬壳的“关键体验”，是对他的行为有所“误解”的中年妇女带来的“大声指责”。这次，太郎的破壳而出也是来源于女班主任的“大声指责”。也就是说，我们可以考虑那两个事件是形成太郎缄默的“入口”与“出口”。如此类推，似乎颇有意思。当然，内容截然不同。前者是以中年妇女的观点出发，一味地指责太郎，而从后者那里，可以感受到她对太郎的无限关爱。

班主任内心持有治好太郎缄默的心愿与诚意。因此，即使在班里出现橡皮头乱飞的现象，她也是耐心地忍耐。也正如此，当班主任朝着太郎大声说话时，太郎也与以前截然不同，勇敢地说道“不是我！”从师生间的相互口角中可以看到，那是人与人之间发自于内心的争吵，是班主任心中忍耐长久的焦虑不安的情绪与太郎常年积压的抑郁之情的互相冲突，使得太郎开口说话了。

在此附加一言。正如本个案所述，有关神经症患者的治疗，只有通过真正意义上的“对抗”，才能初见成效。

有关这种议论，在此姑且不提。我感到班主任是一位“非常优秀的教师”。当您阅读了以下的部分，也许就更能够感受到这一点。

太郎开口说话的第二天，班主任吩咐全班同学在午饭时间为太郎开了一个“开口祝贺会”。太郎也正是由于那位教师的存在，出色地恢复了原来的“语言水平”。

在此记述班主任的同时，也让我回想起其他几位优秀的教师。

有一位负责自闭症K君的S老师。在K君入学的前一天，S老师首次见到他，就遭到K君的脏话辱骂。“傻瓜”“滚开”“去死”等。可是，看似倒了大霉的老师将那些经历确实有效地利用，把那些脏话、K君的某些恶作剧看作是对自己的一种“爱戴”。最终，由于那位教师的存在，也使得S君出色地融入了整个班级中。

另外，还有一位女教师，由于烦恼如何处理班内S君的言行而来医院进行心理咨询。她说道，“为了负责S君，班里剩下的三十九个学生，我都只能马虎对待了。我一个人束手无策。残疾儿童应该送到特殊学级[①]去学习。”她边说，边鼻息不停。可是，特殊学级的教师又有他们的烦恼。“把难以照顾的儿童都转到我们这里来。说实话，照顾一个残疾儿童，需要三个教师的力量。如果班级中有五六个那样的儿童，那么最终什么事情也办不好。我们真正需要、应该做的，是让残疾儿童与健康儿童互相交流！”

那位女教师也是在负责照顾S君以后，开始对指导学生渐渐变得热心起来。她来医院获取帮助，有时我琐事繁忙，女教师甚至与我共乘回家的电车，在车上向我咨询。

以我微薄的经历分析，虽然也说不上深奥的见解，但是依然觉得以下的意见可供各位读者参考。像上述那位女教师一样，只有来我们这里说出真心话的教师，才是最有希望照顾好儿童的人。也就是说，假如班里接受了残疾儿童，事实上等于教师接受

① 对于身体或者智力残缺的儿童实行教育的特殊学级。——译注

了众多的麻烦。但是，如果他们一言不发，犹如不让大海起风浪，把残疾儿童看作是“客人”，每天让家长带着儿童来学校，说不定那也并不是什么好事。相反，能够直率地说出心里话的教师，比如，“我个人对这些儿童负不起那么大的责任”等。最终，似乎是那些教师才会更加仔细周到地照料身边的儿童。因为那是来自教师内心深处的话语，也具有事实的依据。通常，教师个人忍受痛苦和烦恼，翻来覆去考虑如何是好，说是“放弃一个残疾儿童，是为了照顾剩下的三十九个”。其实，他们最终也会意识到剩下的儿童，结果也并没有得到很好的照料。

我的脑海中可以非常具体地回想起几个老师曾经说过的话语。当然，他们起初都与我持有不同的意见。然而，最后也都说到，想要好好照顾一个残疾儿童，其实与照顾班里的三十九个学生紧密相连。只有说出真心话的教师，才能够在真正意义上，脚踏实地地照顾好身边的儿童。这些教师都采用各自不同的方法，开创了各自的未来。我从心底感到，他们才是真正的、最优秀的教师。

关于“语言”

太郎的个案在精神医学领域称为“场面缄默症”或者“选择缄默症”。社会上有人似乎把这种症状误解为“语言丧失症”

或“自闭症”。所谓“语言丧失症”是指由于遇上交通事故等突发性事故造成头部外伤引起脑障碍导致的语言丧失。而“自闭症”与其说是缄默，还不如说是一种心理疾病。“自闭症”也有各种不同的类型。有的患者完全没有语言，有的则即使具有语言表达能力，但在个人的人际交往中语言也并不起任何作用。自闭症儿童通常单一反复地多次重复对方的话语，有的甚至会避开与自己最为亲近的母亲的接触。与此相比，“场面缄默症”通常在语言结构、内容，或是肢体发音功能上都没有任何异常。如果非要解释，即内心使用语言表达的心情无意识地受到抑制的结果。那是儿童神经症的一种类型。近年来，有关“语言丧失症”的病因并不只是考虑刚才提到的外界突发性事故所导致，也有观点认为是个人生长过程中内在功能的异常引发的病症。关于具体的区分标准，即使专家也感到困难。对于治疗儿童心理的专家来说，把“场面缄默症”与其他症状混淆，应该极为少见。在此运用了不少专业术语。比如，“自闭症”“缄默症”“发展性语言丧失症”。然而，恰好那些症状都涉及“语言”。因此，以下会试着考虑有关“语言”。

何谓“语言”？当然不用过多解释。首先，语言是传递内心想法、意志的工具。而且语言也是隐藏于个人内心，归纳或重新构思、创造想法的一种工具。因此，人类“使用语言”与“使用双手”“使用火焰”并列，是更为人性化发展的结果。

即使是四岁的太郎，语言也必定是他把内心想法传递于外界的工具。可是，由于太郎经历了令人厌恶的体验，当内心想法传递于外界时，恰巧遭遇了意想不到的结果。恐惧的体验使得太郎内心深处留下了阴影。“心里的想法千万不能随便说出去”也必定是太郎得到的教训。

对于一个七岁的少年来说，不开口说话会导致比成人更为严重的不利后果。首先，他很难结交周围的朋友。即使与朋友们一同玩耍，太郎也始终默默无语。因此，他也得不到大家的理睬。其次，个人内心的诸多情绪难以得到散发。通常，儿童不仅用语言连接个人与周围的环境，也可以通过语言来维持内心的平衡。如果不能做到这一点，他们即将产生更为严重的内心不平衡。以此类推，还将会出现第三、第四的不利因素。某些原本运用语言表达能力较差的儿童，当再遇上各种不利因素，更是雪上加霜，即使想开口，也变得什么话也说不出了。这就是场面缄默症被视为神经症的理由。

我认为，儿童之所以难以用语言表达内心的想法，即使是自闭症，也是起因于比缄默症更为恶劣的、不安定的诸多环境因素。美国学者布鲁洛·贝特尔海姆在《自闭症：岌岌可危的城墙》中对于如何认识自闭症儿童提出了独特的见解。他认为，“自闭症儿童通常持有世界没有给予自己任何帮助的想法。他们持有一种‘绝望’”。可以说，是贝特尔海姆的独特见解最为鲜明地刻画出了自闭症儿童面向世界难以运用语言表达的理由。

缄默的背后

在治疗缄默症儿童的过程中，常常让我认识到，大部分患者儿童都经历过在幼儿期运用语言表达的机会被大人制止的体验，比如“无嘴太郎”。也许太郎只是由于偶然发生的事件患上了缄默症。不过，通常也会有以下的情况：例如，在过去简陋的二层楼木板房的居住条件下，或者在婆媳同住的家庭中，孩子的大声哭叫吵嚷不停会给楼下的邻居带来麻烦，又可能造成婆媳间矛盾的激化。于是，父母通常阻止孩子的某些举动，让他们在家少说话。

我过去也遇到过一个名叫“弓”的缄默症儿童。他也有类似的体验。父亲住院治疗，母亲不得不时常带着“弓”去医院陪夜照料。当时“弓”恰好刚学会开口说话。可是，母亲考虑孩子开口会给其他重病患者带来麻烦，据说无论如何也尽量让孩子少开口，保持沉默。就这样，当“弓”进入幼儿园时几乎完全不开口，也自然患上了缄默症。

此外，也有类似由于家中经营店铺，为了不打扰顾客，提供周到服务而始终让孩子在家保持安静，最终导致缄默症的病例。

过去常说缄默症的治疗相当困难。即使治疗不断持续，患儿也始终难以开口。事实上，我本人也付出了不少努力，也遇到儿童的父母由于忍耐不住漫长的治疗过程而转换医院的情况。在此，我也说不上什么深奥的理论。结合近年来的众多见解，想略微地记述几句。比如，治疗中出现儿童患者在治疗室内随地大小便、乱流鼻涕的现象。那时，治疗师内心通常会变得不稳定。他们极其自然地怀疑个人是否具有处理的能力或者考虑那种现象的出现是个人治疗方式的不当所导致的结果，等等。治疗师的所有观点都是消极、否定的。因此，他们会立即设法改变原来的治疗方式。不过，依我看来，对于儿童患者出现的上述现象，与其感到消极悲观，不如用积极的思维方式去考虑。也就是说，那些现象是儿童内心抑制并且忍耐长久的情绪在“个人无意识”的状态下表达于外界的“一种手段”。事实上，此后，他们个人的举止也会出现微妙的变化。学会运用特殊“表达手法”的儿童患者，他们往往会与外界渐渐保持沟通。（每个儿童的表达手法各不相同。例如，无嘴太郎乱扔橡皮头。可是，通常这被周围的大人断定为“恶劣不堪”的举止。）

通过上述的个案介绍，我们可以试着那样思考。即，在大人视角中只是消极否定，而且粗略一看尽是不显眼的举止，但是，对于作为当事人的孩子来说却有着“特别重要的意义”。那些行为举止对他们来说，也是一种特殊的经历与体验。大人都曾经经历儿童阶段，似乎认为个人完全理解儿童的世界。其实，那是极其错误的想法。不知何时起，大人们的孩子之心（儿童的视点）已经消失得无影无踪。与成人相比，孩子并不只是年龄幼稚，是未成熟的。他们是经历着与成人完全不同体验的一个群体。

献给不爱说话的孩子的母亲

说起自闭症，大致出现在刚出生未满月的婴儿到三岁左右的年龄段。与“少年期”的年龄段有所不同。但是，无论是自闭症儿童的母亲也好，还是家中有不愿意开口说话孩子的母亲也罢，她们必定都有一个共同的心愿。就是无论如何都盼望能从孩子口中听到一些话语，哪怕只是唯一一句。在此，我想记述有关的话题。

通常，大部分儿童患者的母亲都会那样问道：“我究竟怎么样教孩子说话才好呢？”不用说，如果有好方法，我本人更迫切想知道。我认为，对于“缄默症”“自闭症”儿童，并不是通过教授才能使得他们开口说话。如果在此先说结论，是在“具备某种条件的前提下，儿童们会自然地开口说话”。所谓的“某种条件”，是与儿童内心对周围环境信任的“安全感”密切相关。儿童是否开口说话，取决与他们内心是否拥有一种真正意义上的安全感。

法国哲学家梅洛·庞蒂（Merleau Ponty）曾经说过，“婴儿最初的语言取决于‘母亲’”。本人也赞同这种观点。这里的“母亲”，也应该是德国诗人里尔克（Rilke）的小说《布里格手记》中描述的母亲形象。作品中的那位母亲亲切温柔地对孩子说道，“你不用害怕。只有妈妈感到了黑暗啊”。儿童内心的安全感始终与母亲宽大包容之心紧密相连。

因此，即使大人迫切地希望孩子开口说话，也不会如愿以偿。在让孩子开口说话之前，必须观察确认他们内心是否已经拥有一个安心可靠、易于开口传递信息的环境。那才是首要条件。即使有了某种环境，部分母亲也可能感到不够安心。但是，如果母亲本人没有稳定的情绪，孩子就不可能感到轻松而愉快。所以，我个人希望，治疗师也好孩子母亲也罢，都能够做到时常留意孩子着手的某个具体事项，特别是他们现在热心着手的事项。关于那些话题，你们应该与他们保持沟通交流。同时，必须注意用通俗易懂的语言清楚地发音。为了得到孩子的理解，必须不厌其烦地说上两三遍，而且不要求他们立即开口应答。不能用过高的音调，语速也不能太快。我觉得轻声，并且缓慢地述说比较好。尽量与孩子保持同样的视线，边凝视孩子的眼睛边说话。对于避开视线的儿童，可以把手放在他们的肩膀上，随着话语的旋律轻微地拍打。要让孩子意识到述说的话语是向他们传递的信息，是一种表达方式。这非常重要。

这些步骤的目的不是教授孩子如何开口说话，是与他们内心的意志、想法交流，是互相确认的一个过程。那时，大人应该传递出极其自然的“语言”。避开过多地诉说，或者将大人的想法强加于儿童。此外，嘴能够发出各种奇特的声音。例如，用舌尖发出声音、吹吹口哨，等等。有时，自闭症儿童会好奇地注视你的嘴形，也想迫切地知道奇怪的声音究竟从何而来。他们也许试着用手指插入你的嘴或津津有味地注视你的嘴唇，有时也会模仿试着摆弄自己的嘴。那时，他们可能会突然开始说话。虽然也许听不清楚说的是什么，但是，那确实是儿童传递出的语言。对于发音不准、意思不明的话语，不必重新过问或者及时纠正，始终保持倾听的态度。对于儿童传递出的话语，应该持有喜悦的心情。那种态度最为关键，并且非常重要。我们不应操之过急。

第三章

从一个颠倒的国家回来

（小红帽庭子　八岁）

“学校恐惧症”

庭子由于头痛，在小学一年级暑假期间来到医院就诊，当时是七岁。最初她感到头痛是在入学还不到三个月，在六月中旬的体育课上。从那以后，每到上体育课庭子就头痛。渐渐地连在体育课无关的时间她也会出现头痛的现象。到最后，她只要一待在学校就头痛。

母亲怀疑庭子“脑内是否有异常”，于是便带着她来到大学附属医院就诊。初诊的医生为了查找病因，给庭子做了脑波测试以及各种身体检查。检查结果发现脑波稍有异常，便开了少量的药物给她。

然而没想到，到了第二学期，庭子除了头痛，竟然又开始腹痛，还出现了全身不舒服的症状。从那时起，庭子就开始以各种理由拒绝上学了。特别是母亲怀孕生子，第三学期的那一阵子，她几乎没有去过学校。庭子智商很高，偶尔参加考试也能取得好成绩，所以学校同意她升到二年级。

到了二年级，庭子依然无法上学，每天都感到全身不舒服。由于主治医师五月调换工作，于是，由我开始负责庭子的治疗。

庭子跟母亲来到了医院。我先和母女俩打了个招呼，然后告诉她们已经从前任主治医师那里了解到了大致情况，并且顺便说明今后由本人负责治疗一事。我边翻阅病历卡，边询问经过及症状。可以察觉到，当时母女俩由于不了解一位新医生而感到不安的神情。

以至今为止的治疗过程及庭子目前的状态来看，我认为与其说庭子的“头痛”是由脑波异常引起的，还不如说是疑病症的概率更高。简单地说，庭子就是患了“厌学症”。前一天晚上把所有的学习用品都准备好，说第二天要去上学，然而到了早上就无论如何也起不了床。有时还会找出各种理由，直到最后只能向学校请假。通常，上午还是磨磨蹭蹭的庭子，一到下午，特别是到快要放学，就变得很有精神，还能与妹妹们一起玩。显然，这是被称为“学校恐惧症”的状态，是儿童神经症的一种类型。我决定让庭子停止服用持续了近九个多月的药物，并且提议采用沙盘游戏治疗。虽然手中有就诊的报告结果，也有诊断名称，但是以我个人的直觉来看，庭子症状的背后似乎隐藏着更深的问题。采用沙盘游戏治疗设法找出病症背景的复杂因素，是考虑到女孩年龄小、无法用语言解释说明的缘故。

至于庭子本人，不用再“服药”，并且又可以玩玩偶，固然没有任何抵抗。我们顺利地开始了“治疗”。从病历卡上得知，在药物治疗过程中庭子本人很少来医院，多半是由母亲来医院取药。自从沙盘治疗开始，庭子每次都来医院。无疑那种治疗方式对女孩来说是非常合适的。母亲起初对突然停止服用药物与只是制作沙盘作品这种“奇妙的治疗”有点半信半疑。由于在庭子治疗的同时也给母亲进行心理咨询，随后，她也渐渐理解了这种治疗方法。

家庭背景

庭子的父亲是一位小儿科医生，四十五岁；母亲四十三岁。庭子在兄妹中排行老二，也是长女。

庭子的祖父以前是某学校的校长。父亲是三兄弟中最小的一个。伯父曾经当过老师，随后改行为牧师。姑妈以前也是教师，结婚后成了全职的家庭妇女。庭子的父亲在这样的知识型家庭中长大。他是三兄弟中最聪明的一个。某大学法学系毕业后，他立即进入中央政府机关工作。由于受到领导赏识，很快就得到升职的机会。可是没想到，居然某天说是他有思想上的问题而被降了职位。对此无法接受的父亲毅然决定重新开始医学系的学习，从而成为如今的小儿科医师。

庭子的父亲是一位既亲切又具有能力的医师。他整天都忙着为病人就诊。可是，当庭子开始不去上学后，父亲就始终闷闷不乐。他经常一个人躲在房间里沉默不语，连和妻子也很少说话。整个人变得忧郁不堪。虽然那种状态持续了很久，不过父亲还是没有请假休息。一个月内数次的演讲，参加各种学术会议，他在工作上的态度依然丝毫不惰。

庭子的母亲是某地方上有钱人家的女儿，在三姐妹中排行老二。少女时代自由自在的她曾经跟随父亲出差到瑞士住过好几年。由于擅长德语，回国后任教医学系学生的德语会话，从而结识了现在的丈夫。另外，她也是一位基督教徒。在妻子的建议下，丈夫也接受了洗礼。

沙盘作品戏剧性地展开

以下，我将记述庭子制作沙盘作品的全过程。您可以清楚地看到一位八岁女孩如何出色地将内心中的意象如实地表达出来。

第一次　紧闭的大门、荒凉的外界

初诊后的第三天，庭子准时来到医院。当我提议制作沙盘作品，女孩毫无抵抗地接受了。首先，她在沙盘左上角摆放了两座房子。房子前面有围墙，也有大门。然而，大门紧紧地关闭着。门外有几个骑马的牛仔注视着大门，一种随时准备发动袭击的状态。

庭子一声不响、专心致志地制作沙盘作品，忙得连额头和鼻尖都出了汗。她开始布置沙盘的右边：先用草仔细地做了一个篱笆，然后建造了花园。牛、马、羊正在悠闲地吃草。沙盘右下方有几棵枝叶茂盛的大树，像是一片森林。

庭子大约花了四十分钟完成了整个作品。她的脸色显得有些红润。

“庭子，做了什么呢？”我问。

“你知道吗？牛仔快要攻击小女孩的家了。”庭子回答。

“沙盘右边看起来很悠闲啊。”

“是的。那里有花园、牧场……正巧有一头小羊出生了。”

听着庭子的说明，我再次把视线投到花园的中央，清楚地看到一只母羊躺卧着，旁边蹲着一只小羊羔。

整个沙盘被草制的篱笆分成了两半，而且左边又被紧闭的大门分成了上下两半。在门外花草不生的荒地上，牛仔们骑着马，准备攻击大门。大门的里边却不见人影，寂静无声。

通过这个《紧闭的大门·荒凉的外界》的沙盘作品，我察觉到女孩似乎感到现实的世界就是如此的荒凉而可怕。也因此，她才会把大门紧紧地关闭而不愿意出门。但是，尽管如此，右边的围墙内依然可以看到牧场、花园，也有悠闲自在吃草的牛马，还有刚出生的小羊羔。庭子之所以不去上学，并不只是单纯地害怕外面的世界。我觉得在她幼小的心灵中，必定是有自己想干的事情。然而今天，她似乎已经勇敢地跨出了第一步。你看，小羊羔不是已经诞生了吗？不过，一切想法都只是停留在我的脑海中，并没有说出口。我只是回答了女孩一句话：“小羊出生了嘛。”

庭子看着我，点了点头，露出了一副满意的样子。我们俩各自看着沙盘作品。虽然两人间只说了那么一句话，却使我感受到，当时的庭子尝到了“被治疗师理解”的滋味。

第二次　森林深处、迷路的山道

庭子比约好的时间早到了片刻，在治疗室门外等候。当叫她进入室内，她便立即制作起沙盘作品。

庭子依然与前一次一样，在沙盘左上角摆了房子。这一次她又多放了一间，一共摆放了三间房子。门依然是紧锁的状态。庭子把一棵棵树种植在沙盘的右下角。于是，右边立刻就自然地形成了茂密的森林。随后，她把左下方的沙子堆积成山，并且在山脚下种了小草。从那里往上看，有一条旋涡状的山路通往山顶。庭子随手拿来了一只小动物，将它放到草丛中。那只动物像是迷了路。

“今天做了什么啊？”我问。

“我也说不清。”庭子说。

“森林好像很大啊。”

“嗯，山也造好了。”

“什么东西躲在森林里?

“是一只狗，它迷路了。”

这次作品中没有看到粗暴牛仔的身影。眼前旋涡状的山脉难道是通向未知世界的大门？迷路的小狗又能否找到自己的道路

呢？看到这个作品可以怀有许多期望。同时，它也使人感到一些不安。

第三次　小红帽登场、开始森林探险

三间房子和紧闭的大门与以前一样。不同的是，每间房子的大门口都各自有一组小女孩在互相打招呼的情形。小红帽带着小猫、小狗、小鹿站在森林的入口处，旁边有三只“不看、不听、不说”的小猴子。

“你知道吗？小红帽带着朋友们准备出发探险了。他们快要进入大森林了，猴子在为他们送行。”庭子那样说道。

庭子从玩偶架上拿到“小红帽”玩偶，显得特别高兴。她小心翼翼地摆放着小红帽。我想，也许小红帽就是庭子本人吧。尽管那样猜测，她还是强调小红帽带着可爱的伙伴前往森林探险。那么，谁住在森林里呢？那儿又会发生什么事呢？

第四次　森林里的“动物王国”游乐园

在森林中笔直往前走，可以听到从森林深处传来的热闹的说话声。再继续往前，就能清楚地看到一个“动物王国”的游乐园。白雪公主、小鸭子、小熊等在买门票。游乐园中各种动物和童话故事里的许多主人公都在高兴地玩耍。据说，“动物王国”里的动物们和所有童话里的人物都会说话。

第五次　“动物王国”游乐园

这里有很多零食、水果，也有滑梯秋千等各种娱乐设施。如果累了，这里有沙发可以休息，还有电视机。小红帽玩了一阵子后“扑通”一声坐在沙发上，开始看起了电视。

第六次　看电视的小红帽

小红帽依旧坐在沙发上悠闲地看着电视。隔壁房间里做了很多好吃的东西。三只贪吃的小猪开始吃起了香蕉。外面的庭院中饲养着牛。戴着红色蘑菇帽的小男孩正在浇花。那个小男孩自从出现在游乐园，就始终在浇水。

以上是我描述的庭子在每周的沙盘作品中表现出的“意象世界”。

在此，本人也不得不说一说“现实生活”中的庭子。庭子母亲告诉我：“医生，最近庭子不仅不去学校，每天在家看电视，连作业都不做。而且她变得很会撒娇，讲婴儿话，还一直黏着我不放。真是让我伤透了脑筋。”现实生活中的庭子与幻想世界里的小红貌简直一模一样。母亲不仅感到不安，当然也对治疗过程产生了怀疑。其实也难怪，似乎是由于我运用了奇特的治疗方式取代了药物疗法，使得小女孩的症状“变得恶化”。于是，我对庭子母亲作了解释：

“也难怪您担心。不过，这并不是恶化。类似于这种心理治疗，起初都会出现这种现象。应该说是治疗后得到的有效结果。”我还吩咐她，这段时期可以接受庭子的撒娇。

第七次　“动物王国”中的动物园的改建工程

动物王国里也有动物园。据说现在动物园正在改建。栅栏内有马、牛、羊和小鸟。小红帽和伙伴们站在外面注视着它们。大型起重机在修理栅栏。首次沙盘作品中出现的具有攻击性的牛仔队，再次出现。

第八次　牛仔队闯入动物园

牛仔队撞破栅栏，闯入改建中的动物园。动物们吓得到处乱窜，孩子们也都尖叫起来。

正巧，印第安人赶来相助。他们勇敢地和牛仔队进行着激烈的战斗。小红帽和伙伴们站在一边憋着气，聚精会神地注视着所有的一切。

第九次　恢复了和平的游乐园

得到印第安人的相助，牛仔队全部被赶出了游乐园。一切又恢复到和平宁静的状态。动物们有的在踢球，有的在滑滑梯，一片欢声笑语。我们的小红帽也在和戴着红色蘑菇帽、一直浇水的那个小男孩闲聊。

第十次　母狮子杀死了羚羊！

一派和平寂静的场景。动物园里感受不到前几次的欢乐气氛。动物们都聚集在一起，并且以一点为中心形成了一个圆。那里似乎发生了什么重要的事情。仔细一看你会发现，一头羚羊倒卧在中央，身上停着一只鹈鹕。羚羊的旁边有一头雄狮。母狮子和所有的动物都注视着羚羊。唯有雄狮悠闲自在地坐着。

"发生了什么事？"我问。

"你知道吗？母狮子杀死了羚羊。公狮子还特意去看看羚羊到底死了没有呢。"庭子回答。

"鹈鹕好像伤心地在流泪啊。"我又说。

"嗯。"女孩回答道。

除此，令我意外的是大象身上坐着一个小矮人。那个小矮人正是白雪公主与七个小矮人中的一个。坐在大象身上的他，也目不转睛地注视着死去的羚羊。

面对凶猛的狮子，羚羊除了逃跑以外没有任何抵挡的武器。我不由想起了一个关于鹈鹕的神话。故事大致是说，一头鹈鹕紧紧地守护着一只雏鸟。它啄着自己的身体，用流出的鲜血喂给饥饿不堪的下一代。当然，幼小的小红帽庭子不可能知道那个感人的故事。面对眼前的沙盘作品，和小矮人及其他所有的动物一样，我也默默地注视着那令人窒息的场面。我从中可以深深地感受到被狮子活活咬死的羚羊的痛苦心境。我一言不发，觉得还是不说什么为好。处于那种状态，无论说什么都只是空虚而无意义的。所有感受到的意象早已说明了一切。

我和庭子发呆似地看着羚羊。转眼间，到了结束治疗的时间。我们顺便约好了下一次时间，庭子便离开了医院。

第十一次　回到远古时代

小红帽庭子和刚才提到的三个小伙伴，戴红色蘑菇帽的小男孩、白雪公主、坐在大象身上聚精会神注视着羚羊的那个小矮人，他们一行走在森林中。不可思议的是，他们无意中居然回到了恐龙争霸的远古时代。

可以清楚地看到雷龙、暴龙、翼龙、禽龙等各种恐龙。庭子一一说出了恐龙的名字。那些恐龙有的在互相争夺，有的阔步前进。但是，它们似乎都没察觉到小红帽一行的存在。躲藏在树上的一只猴子正俯视着那些恐龙。

那天，母亲说庭子最近经常无目的地打几个妹妹。

第十二次　怪兽闯入动物王国

小红帽再次出现在森林中。在一间安静的小屋里，小红帽坐在取暖炉前聚精会神地看着电视。坐在安乐椅上的她显得悠闲自如。白雪公主在隔壁房间里做蛋卷和奶油蛋糕。突然，有几头怪兽闯了进来。它们踢开椅子、弄翻食物。最后，部分怪兽竟然在房间里打起架来。整个房间一下子变得凌乱不堪。

第十三次　怪兽不断袭来、屋内一片狼藉

怪兽的数量不断增加，并且陆续闯入屋内。它们中有的将长凳高举过头再用力往下摔，有的推倒自行车，还有的到处游荡。怪兽的撒野使得整个屋内一片狼藉。

当我正在为那种迹象发愁时，无意中发现了一只蓝色怪兽与其他怪兽有所不同。

“这只怪兽头顶上有三只小动物？”

“嗯。小猴子、癞蛤蟆和雨蛙。这个怪兽不是坏东西。食钱兽，是好的怪兽。”庭子说。

“是吗？怪兽也分好坏啊。”我说道。

“那当然。像食钱兽，就是好的。它只吃钱。只要吃了钱，食钱兽就很健康。然后呢，它就去打其他坏家伙。”她又说。

“原来是这样。不过，食钱兽只有一头，它怎么去打其他那么多家伙呢？”

“我也不知道。”

也许庭子的家就是怪兽撒野后的模样。之所以那么猜想，是因为这段时期不仅只是庭子，连家中的妹妹春子也不去学校了。还有弟弟夏夫也说是头痛，硬吵着不想去幼儿园。此外，家里还有不到上幼儿园年龄的秋子和刚刚出生的冬代。整个家庭一片混乱。唯一一个坚持上学的大儿子竹夫，跟庭子关系也不好，两人经常吵架。

父母对家中孩子们的大哭小叫，束手无策。父亲整天愁眉不展。下班一到家，就立即躲入自己的房间睡觉。母亲也不知如何是好。

第十四次　怪兽们对战、父亲的苦恼

食钱兽确实很了不起。它与动物园中的动物们齐心协力，将其他的怪兽都赶出了游乐园。最后，只剩下一头最强壮的怪兽。可是，此时的食钱兽筋疲力尽，只能号召食钱兽二世出来应战。大家在四周紧张地注视着全景。双方激烈地决战了十多个回合。起初，敌方坏怪兽的尾巴被咬了。接着，食钱兽二世的脚也被对方咬断。激烈的战斗持续不断。终于，敌方坏怪兽用尽力气而倒地不起，食钱兽取得了胜利。于是，小红帽也得到了鲜鱼、海鲜等庆祝胜利的食品。

治疗这天，庭子母亲说有件非常重要的事要和我商量。当时，她双唇颤抖，两眼含着泪水说道："医生，是关于我丈夫的事。他说要辞掉医生的工作。他说，'连自己孩子都治疗不好的医生，哪有能力去医治别人家的孩子啊'。他为此真的很苦恼。这一阵连饭都吃不好，整天躲在房间不出来，还突然跟我说了上面那些话。我和他说过，您想要和他见见。可是，他就是来不了。我真的不知道怎么办才好。"庭子的母亲终于忍不住大哭起来，一直积压在内心的焦虑与不安一下子宣泄了出来。

"您的心情，我非常理解。也难怪您丈夫会如此烦恼，连自己孩子都治疗不好，那也许确实是当医生最大的烦恼。但是，作为我个人来说，还是希望您丈夫不要辞掉那份工作。即使他辞掉那份工作，也不保证现实情况就能立即好转啊。说到底，他的那种行为是逃避，很不好。作为小儿科医生，我希望他能够从如今的烦恼中找到一条更适合自己的道路。关于庭子，从目前来看，虽然我们的努力在表面上还没有取得任何效果，但是，在她个人的内心必定经历了许多艰辛战斗的过程。庭子本人也在不断地摸索超越现状的各种可能性。您应该找个时间静下心来，好好地跟您丈夫谈一谈。请您务必将我的想法转告他。”我对庭子的母亲说。

第十五次　庆典、父亲来到医院

庭子进入游戏治疗室，她那兴高采烈的样子与平时完全不同。她还无意间哼起了小调。她制作沙盘作品，也不时和我聊天。那种情景至今还是第一次。

“你知道吗？今天是和爸爸一起来的。他特意骑车带我来的。车的速度超快，吓得我抓得很紧很紧。”

“是吗？你爸爸骑摩托车啊？”

“嗯，他有时骑。庭子还是喜欢跟爸爸一起来医院。”

“为什么呢？”我又问。

“我也不知道。不过，那样就可以坐摩托车来了。”

……

闲聊中，庭子把玩偶一个个摆入了沙盘：以一棵枯树为中心，手持旗帜的鼓笛队队长站在最前面，后面跟着鼓笛队。还有白雪公主、手拿角笛的男孩、小人、猴子，再后面有马、大象、长颈鹿、河马……整整齐齐地排成了两列，形成了一个以逆时针方向数圈旋涡状游行的大队伍。我们的小红帽和蘑菇帽小男孩阅兵似地注视着全景。

“看起来，队伍很庞大嘛。”我说。

“是啊，是庆典活动。所有的怪兽都被消灭了。动物王国又变得宁静起来。”庭子回答道。

随后，我和庭子的父亲见了一面。父女俩的外貌很相似，一见面就能看出。据说两人性格也很像，可以彼此理解对方的心情，也因此使得双方各自更加苦恼。父亲的神情并没有意料中那么痛苦。但是可以看出，医院对他来说也许确实是一个很难进的地方。

“我父亲以前是某学校校长。”庭子的父亲说，“对我来说，父亲始终是一种无形的压力。所以如今我成了医生，也会给庭子无形的压力吧。说实话，家中老大的反应比庭子慢得多。同样做算数练习，庭子很快就做好了。我们夫妻为了不让老大感到自卑，反而压抑了庭子某些自然的表现。”

虽然庭子的父亲在语言表达上有点生硬且不太流畅，然而在互相交流中，他也能够比较自然地表达出一些内心的烦恼。听了庭子父亲的诉说，我感谢他能够来到医院。然后，就关于上次庭子母亲的一番话，阐述了个人的意见，我很直接地告诉他："小儿科医生的工作请继续干下去，不要放弃。"随后我也顺便询问了他，父亲眼中庭子的日常生活状况以及生活史。父女俩快要回家了。我看到在室外等待父亲的庭子跑了过来，紧紧地抱着爸爸的双臂晃了起来。我和庭子的父亲相互间笑了笑。也许是个人的心理作用吧，与庭子手牵手一起回家的父亲，身影显得分外轻松。

第十六次　婴儿诞生、栅栏中的狮子

婴儿诞生了，熟睡在双层床的上层。沙盘作品的正前方是动物园。栅栏中有一头狮子。一条大蛇也正爬入栅栏。更有趣的是，当初为小红帽送行的三只小猴子也在栅栏外面聚精会神地注视着狮子。

庭子摆放袋鼠的动作令我印象深刻。她把母袋鼠育儿袋里的小袋鼠拿了出来，又放了回去。她连续做了这个动作好几次。最后她还是小心翼翼地把小袋鼠放进育儿袋内，并且确认了不会再掉出来。庭子把袋鼠放在隧道旁边的栅栏里。隧道的上面摆着两条小蛇。栅栏的外面有三个比小袋鼠稍大一点的女孩躺在地面上。沙盘右上方是上一次作品中站在游行队伍最前面的鼓笛队。整个沙盘作品就这样完成了。

这次，庭子没有做任何说明。但是一看到作品，我立即浮现出"诞生"的主题。从庭子摆放袋鼠的动作也能清楚地看出，对她来说，具有安全感是一件最为重要的事。关于“学校恐惧症”的理由，通常有一种称作“分离焦虑”的理论（即不仅儿童，母亲也会产生某种焦虑。两者在无意识中互相结合，最终造成了儿童无法上学）。由于几个妹妹的出生，不到三岁的庭子就被送到了托儿所。她不但没有撒娇的机会，而且内心也一定存在焦虑。从母亲的角度分析，婴儿的连续诞生要耗尽所有的精力，因此也会产生许多焦虑以至越来越强烈。应该可以从庭子确认小袋鼠是否会从母袋鼠的育儿袋里掉出来的那个极细小的环节，以及把它们都小心翼翼地摆放在栅栏里的动作中感受到这一点。但是，现在却有条大蛇爬入了狮子笼。袋鼠栅栏旁边的隧道上又有小蛇。由此，我感到庭子本人也渐渐地认可父母各自改变的过程。

当然，一切想法我都没有说出口，希望给庭子一个最大的、受到保护的自由空间。同时，能够让她在那个空间中非常自由地表现出内心所有的意象。默默地在一边守护她，才是我最大的职责。

从另一方面考虑，能够让庭子得到家庭及学校等“外界的支持和帮助”，也是我们治疗师的工作。事实上，我也和庭子学校的老师见过面。我告诉他们庭子现在正在接受心理治疗，说明庭子并非是无故旷课。同时我也希望学校老师能够偶尔给予女孩一点儿“上学的刺激”。只有得到学校老师的密切配合，我们才能持续进行现在的“心理治疗”。我那样的做法也似乎使得原本对学校有所顾虑的父母轻松不少。

第十七次　狮子栅栏里的婴儿

动物园中的大象、犀牛、熊、狮子等猛兽都分别被栅栏隔离开了。动物园的中央饲养着马和羊。

“医生，小红帽不见了。”庭子说。

她眼看快要哭出来。虽然她拼命地在寻找小红帽，结果还是没找到。正巧前一天，有个儿童患者也是在制作沙盘作品时不小心碰到小红帽，结果使它从玩偶架上掉下来，摔坏了。

听了我的解释，庭子茫然地站着，一动也不动。稍过了一会儿，她便打起精神，随手拿了一个穿红衣服的灰姑娘放在动物园狮子栅栏的前面，并在那前面又摆了一架照相机。仔细一看，狮子栅栏里坐着上回刚刚出生的婴儿。那架照相机的镜头很明显是对准了狮子和婴儿。庭子也许是通过这个象征性的游戏来面对个人出生前后的事情。尽管如此，女孩地得知小红帽丢失的失望神情，我依然无法忘记。于是，当天工作结束后，我立即买了一个一模一样的小红帽玩偶。

第十八次　睡在墓地的女孩

沙盘的中央摆放着狮子的尸体。从尸体处延伸出来的圆珠笔笔直地摆放着。有四个圈被埋在了沙里。偶尔有蝙蝠在附近盘旋，令人毛骨悚然。左右两边都各自做了一个门框。右边门框是开放式的，没有装门。左边则有紧闭的大门。门柱上有一个戴着尖帽子的小矮人。临死前的大象用尽浑身力气走到了这里。大蛇也爬了进来。原来这里是“墓地”。有两个女孩，其中一个刚死去，母亲哭倒在了栅栏外面；另一个女孩的身体被埋在土里，只露出了脸。有个男孩趴在土上面。三条竹蛇各自咬着自己的尾巴形成了一个“环”，被摆放在树木篱笆的外面。庭子让我再给她一条蛇。当回答没有后，庭子设法找来了两匹马。她让马站立起来，然后把马的前肢合并在一起，形成了第四个圈。这次的作品中，庭子没有用特地买来的新的小红帽玩偶。

“这是什么？”我问。

“是墓地。狮子和这个小女孩死了。女孩是出车祸死的。你看，她妈妈不是在哭吗？大象和蛇是想死在这里才来的。它们快要死了。”庭子说。

“这里的男孩和女孩呢？”

“女孩只是在睡觉而已，却被弄错埋在了这里。不过，恰好男孩发现了她，所以大叫她的名字，叫她快点儿起来。”

“如果能够叫醒她就好了。”

“可是很难。”

“为什么呢？”

“我也不知道。”

“左边的门关着吗？”

“嗯。右边的门开着，大家可以从那里进进出出。不过，只要走出左边的门，那就再也回不来了。你看，所以小矮人在这里看守着呢。”

“是通往黄泉之国的大门啊。”

“什么是黄泉之国？”

“就是地狱，死了以后去的地方。”

“地狱，我知道。很久以前听爸爸说过。”

“欧罗波罗斯也听说过吗？”

“欧罗波罗斯是什么？”

“就是你刚才摆的那些咬住自己尾巴的蛇啊。”

“是这个？还有名字啊。好像很久以前从圣经故事里听过。”

“你为什么要摆四个圈呢？”

“不知道。”

“你用马的前肢做了第四个圈吧。”

“嗯。”

也许我说得太多了。墓地也好，欧罗波罗斯也罢，一切都太深奥了，有点儿令自己都感到不安。这个沙盘作品让人无法想象是由一个刚满八岁的女孩制作的。确实，她的智商高达一百四十五。但是，与其说用“知识”，还不如说是用“智慧”来完成的一个作品，令我惊奇不已。“睡着的女孩”且旁边又有一个男孩在拼命地想要叫醒她。从那里，我们可以看到“挽救的希望”。

第十九次　睡在双层床上的婴儿再次出现

沙盘中再次出现了双层床，婴儿熟睡在上层。过了一会儿，骑着马的牛仔们不知从何而来。他们把床铺周围弄得乱七八糟。印第安人也来了。他们和骑马牛仔开始了决战。婴儿似乎被周围的喧哗声吵得睡不安稳。每一个地方都是危险区。于是，庭子立即用沙子在床边堆了一座山，在山腰中架了一座梯子与床铺相连。

“这是什么？”我问。

“你知道吗？现在正巧给婴儿送牛奶去。”庭子说。

“送牛奶还要爬山？”

“嗯，外面太危险了。”

“山上就安全了吗？”

“嗯，所以要睡在山上。”

第二十次　动物大迁移

作品中又出现了森林。起初，动物们各自在快乐地游玩。突然，不知从哪里掉下了许多炸弹，又发生了地震。动物们开始成群结队地大迁移。刚刚出生的小白马和四肢残缺的小羊各自骑在大象、河马的背上准备出发。

第二十一次　匆忙赶制的栅栏

匆忙制作好的栅栏把大迁移来的动物们分隔成了两半。猛兽群及马、牛、羊等食草性动物群与熟睡在双层床的婴儿放在了一起。和上次一样，床铺还是依靠梯子与外界相连。在那旁边有一座小山丘。印第安人和老鹰负责守卫。

第二十二次　补充食粮、建造家园

暂时安定下来的动物们找到了大量的食物。大家友好地分工合作，共同分享烹制好的美味佳肴。动物们重新建造起往日的温暖家园。

第二十三次　可怕的车、蛇的十字架

庭子起初把前一次制作的房屋放在了沙盘左边。随后，她又放上了钢琴、电视机、洗衣机、烤箱、沙发等，接着放了钉入铆钉的铁制墙壁。在墙壁外面极其狭窄的空间里，塞满了数十辆汽车。最后，在沙盘右边的框架上放了一个以两条蛇相交叉形成的十字架。

“房子是新造的。这只小老鼠住在这里。你看，它不是坐在电视机前面吗？”

有趣的是，自从“婴儿诞生”以来，小红帽就再也没有出现了，取而代之的是这只小老鼠。在小老鼠出现的那段时间，现实生活中的庭子也偶尔去学校上课了。小红帽是幻想世界里的人物，而“小老鼠”更接近于现实生活中的庭子。令我印象最深刻的是女孩最后摆放的“蛇的十字架”，还有数十辆汽车。对庭子来说，那究竟意味着什么呢？对于那些疑问，我没有直接问庭子。不过没过多久，她主动开口说话了：

“医生，从下个星期开始，我就要升三年级了。学校老师说可以升到三年级。我觉得这次自己可以每天去上学，想不来医院了。”

“是啊。像现在这样，如果每个星期都来医院的话就不能去学校了。是你自己决定不来医院的吗？”我问庭子。

“嗯。”

“如果是那样，我也觉得很好。你和妈妈说过这个决定了吗？”

“今天不是和妈妈一起来的。我是坐爸爸的摩托车来的。”

“那你跟爸爸说了？”

“还没有。我想还是让你跟他说。”

“为什么？庭子自己决定的事，不是自己说更好吗？”

“嗯。那你跟我一起说。”

“好吧。我在旁边帮你。真的不来医院，那以后干什么呢？”

“庭子不来医院了。”

“那么，爸爸妈妈可以来医院吗？”我问庭子。

“医生，那你觉得呢？”

“嗯，那就先这样吧。庭子今天就结束治疗。我偶尔和你爸爸妈妈见见面，可以吗？我想如果是庭子自己决定不来医院，那就一定能去学校。今天最后一次，也很好。”我说。

于是，我让父亲也进入游戏治疗室，三人一起商量。

“没有问题吗？最近学校的确同意庭子升到三年级。她也能够出门去学校了。那样的话，不来医院也没问题吗？”庭子父亲问我。

“没问题。因为这是庭子自己做出的决定。以我看来，应该尊重她的个人意见。我认为庭子今后能够做出适合自己的决定。作为父母，如果不放心，可以时常与她商量。对她本人而言，如果治疗过程还将持续，反而会阻止她的个人决定。干脆就到今天结束吧。这个学期的沙盘治疗就到此为止。今后再观察看看。”我对父女俩说。

尊重个人决定

从沙盘作品中意象的不断变化，某种程度上也能够预测到庭子的态度有所转变。现实中的情况也的确如此。老师寄来了庭子三月份的出席记录（请参考下表），“○”表示出席，“×”表示缺席。

1	2	3	4	5	6	7	8	9	10	11	12	13	14	15	16	17	18	19	20	21	22	23	24
一	二	三	四	五	六	日	一	二	三	四	五	六	日	一	二	三	四	五	六	日	一	二	三
×	×	○	○	×	×		×	×	×	○	○	○		○	○	○	○	○	○		×	×	×

庭子的出席记录表

二年级的毕业典礼是三月二十四日。原则上一年中出席率不到70%就很难升级。当然，在小学并没有那么严格。考虑到儿童的将来，据说是否可以升级最终由校长判断。我再一次和庭子的班主任商量，阐述了如果考虑到女孩的现状与将来，让她升级为好的意见。幸好学校方面也能够理解我的想法，因此让庭子升级了。

不过，眼前的问题是，“学校恐惧症”主要是以“不去学校”为基本症状。通常，当儿童患者一旦开始上学，就会被误解为问题自然解决了。那与成人神经症患者“症状消失状态”极为相似。确实，那个阶段给予成人患者终止治疗的判断不少见。同样，根据患者的自主性，考虑到两者间的关系，判断治疗进入另一阶段的情况也很常见。但是当患者是儿童，他们往往连“自我烦恼”都非常欠缺。对儿童本人来说，如何找到需要继续治疗的基准或者判断治疗可以结束，确实很难。作为治疗师来说，从庭子的沙盘作品中的意象来看，我持有“女孩总算也走到了这个阶段”的印象。另一方面，庭子本人也说“从新学期开始去上课”，那也应该尊重她的个人决定。正是治疗师相信了庭子本人得出的“独自跨越门槛”的判断，因此，这也无形中给予她最大的安心。基于以上的种种理由，我判断暂时结束治疗。

但是，为何在此用了“暂时”两个字呢？那是从沙盘作品中拥挤不堪的汽车与蛇的十字架得到的判断。那个景象可以感受到庭子传来的“勉强安定”的信息，也因此考虑让庭子的母亲继续来医院进行心理咨询。我同时判断，如果有必要，暑假后再为庭子治疗。

恢复治疗

据说庭子在新学期开始的四五月里努力地去了学校。但是到了六月，她便开始出现症状，七月终于无法坚持上学。按原定计划，我们决定从九月开始恢复治疗。虽然在此对治疗过程的记录篇幅较长，但是我依然想仔细地描述一下。

恢复治疗第一次　交通畅通无阻、鹈鹕回家

治疗重新开始。庭子由她父亲带来，这意味着家庭方面对于治疗方式的观念有所改变。庭子和以前一样，一进入治疗室就制作起沙盘作品。她边做边讲起学校的新班主任G老师，还提到了前任的O主治医师。

“比起吃药，还是这种方法（指沙游疗法）好。太好玩

了。”庭子说。

“那当然。比起吃药，谁都会喜欢沙盘游戏。不过，我们医生有时很辛苦啊。”我说。

“真的吗？”庭子露出了稍有惊异的神情。不过，她最终还是完成了作品。

在上一阶段治疗中的最后一次作品里，那些拥挤不堪的汽车也终于畅通无阻地行驶了，有的搬运沙子，有的载运牛羊，各式各样。在交通标志里没有“禁止”的标识，只见一张“行人优先”的指示牌，特别醒目。有趣的是，一只鹈鹕在人行道上大模大样地行走。为了这个“特别的行人”，所有车辆都处于暂停状态。鹈鹕从左到右，朝着小老鼠和乌鸦的方向走去。另一个更吸引我的摆设，是沙盘左下角的三台救护车和消防车，据说是发生紧急情况后随时救护的状态。

恢复治疗第二次　时光机器的故障

这次，庭子难得地将沙盘竖着摆放，并且使用了两个沙盘。她首先在沙盘中央放了栅栏，然后以树木和红砖为界限，建造了一个动物园。庭子把一个从蛋中快要出壳的雏鸟玩偶拿在手里玩了一会儿，接着顺手把它放在靠近手边的位置。庭子在动物园中放入恐龙、长毛大象等动物，在另一个沙盘中则放入决战中的怪兽。

“你看，这只蛋是时光机器。只要稍微拨动一下，它就可以立刻飞到过去，飞到未来。你知道吗？这里有两只小鸟，一只白色，一只黑色；白的是好的，黑的专搞恶作剧。时光机器让小黑鸟弄坏了，所以这里跑来了很多奇怪的动物（指恐龙）。”庭子对我说。

庭子将黄色的小鸟称为“白色小鸟”。那也许是为了区分黑与白、好与坏的一种对比。加上庭子开始使用第二个沙盘以及出现“时光机器的故障”，综合上述三件事情考虑，我似乎察觉到庭子内心的意象世界。这让我意识到，目前一直由我既负责庭子的治疗又负责与她的母亲进行心理咨询的现实状况（可以从另一个沙盘中的“两面怪兽”同时负责裁判善良怪兽代表的‘红怪兽’与邪恶怪兽代表的‘冷冻怪兽’争斗的场面中得到暗示）。由此让我感到，是处于“两面不讨好”的、极其模糊不清位置的治疗师的存在，使得时光机器不得不出现了故障。因此，结束治疗后我立即与一位女同事K医生商量，让她今后负责庭子父母的心理咨询。从下一次治疗开始，我专心负责庭子的个案。

恢复治疗第三次　下午的点心

“庭子，从今天开始，我是你的个人医生了。爸爸妈妈由K医生负责。”我对庭子说。

听到我这么一说，庭子露出十分高兴的神色。“那五十分钟都可以在这里玩啦。”

至此为止，几乎都是花四十分钟让庭子制作沙盘，而剩下的十分钟是和父母做心理咨询。

沙盘里又出现了难忘的动物园。桌上的时钟显示着下午三点，那是下午茶时间。聚集在食品前的动物要比看电视的多。躲在壁炉里只露出屁股的小老鼠和聚集在鱿鱼干前面的六个小矮人，令我印象深刻。他们六个中只有一个站在鱿鱼干的左侧，其余的五个都在右侧。我以前也曾经提到，现实生活中庭子家的六兄妹都不同程度地出现过厌学现象。而家中只有庭子接受着治疗。

恢复治疗第四次　不能使用游戏治疗室

庭子和母亲准时来到医院。某位医师需要延时使用游戏治疗室三十分钟，我和庭子说明后，把她领到另一个房间，开始了树木测试①（树木性格心理测试）。我给了庭子画纸，顺便让她画了一棵树。她对这种形式似乎不太感兴趣，只是边玩边画而已。

不过，仔细观察庭子的作品后会发现，树的根部是被挖空的，形成了一个入口。那里挂着一块“森林学校”的招牌。树枝从两侧延伸，绕了树干一圈形成了自缚的状态。吊在树上的秋千上有一只松鼠。画纸的背面同样也画了一棵树。从树干上方被截断的横切面可以清楚地看出树龄（切口处的最左边已经冒出了新芽……）。树干上画了许多妖怪，并写了一堆日语假名。另外还

① 瑞士心理学家科赫（Regula Koch）开发的树木人格测试。在A4大小的画纸上指示患者画一棵树，然后对树木进行解释的心理投射法。——译注

架了一架梯子。刚才提到的松鼠坐在可以看见树龄的树顶上。左侧树枝上有鸟巢和小鸟。右侧树枝上停了一只猫头鹰。树底下是狐狸和狗。作品整体具有丰富的想象力。

如果这一天与往常一样也做沙盘作品，或许就没有机会看到“森林学校”这个像是恶作剧的招牌了。从精神科医生的经验分析，即使是绘画，自由画与课题画所表现出的内容也各不相同。同样是课题画，又可以分成树木测试以及中井久夫从沙盘游戏中得到灵感而发明的“风景构成法”等。各种不同的手法可以使患者表达出内心不同维度的意象。

恢复治疗第五次　小红帽发现熟睡在森林中的五个小人

这次没有发生上次的意外。治疗准时开始。庭子有了与以往不同的举动。她在沙子里加了水捏成沙团，还挖了沙洞。在至今为止的作品中，庭子很少触摸沙子，只是一个劲儿地将玩偶放入沙盘。所以这次的举止与以往不同。我想，那一定是我将治疗的责任划分清楚，专心负责庭子个人治疗所得到的结果。

小红帽再次出现了。她手里拿着笼子。在森林入口处，动物们正在拼命地挖着土，似乎寻找着什么。据说附近藏有“宝物”。再往森林深处，可以看见树林里有五个小矮人睡成一排。他们只露出了头。原本是六个人睡在一起的，据说有一个小矮人醒了后立即走出了森林。这些小矮人并不是原来就睡在森林里，而是在他们熟睡的时候树木不知不觉地生长形成了一片森林。

恢复治疗第六次　继续寻宝、出现父母的形象

庭子把沙土挖开后做出了一条河流和一个水池。“寻宝活动”持续进行。大家连小河里的东西也不放过。小飞象从大桥上眺望，并提醒在河里边游边找宝物的唐老鸭。陆地上的所有将士也都在拼命地寻找宝物。三只小猪中，有两只已经筋疲力尽。

然而，这里意外出现了一对与全景极其不协调的人偶。那是放置在沙盘中央并排成列的一对男女人偶。男的在翻阅书籍，女的在演奏乐器。两人都是坐着的姿势。我想，那也许是意味着庭子的父母。所有的孩子都在拼命地寻找宝物，而他们只顾忙着私事，完全没有注意到孩子们的行动。当然，现实中的庭子父母并不是那样。这只是庭子心目中的父母形象吧。正如之前所提到的，现实中的庭子父母非常热心地接受K医师的心理咨询，他们也很在意庭子的现实状况。

恢复治疗第七次　寻宝活动继续、有计划地动力总动员

也许是目前为止动物们都在独自行动的缘故，宝贝怎么也找不到。于是，以小飞象为队长，大家开始了有计划的寻找，连飞机、云梯车都用上了。可是，上次出现的两个大人依然专心致志地忙着私事。

我发现，小飞象从出现以来始终被摆放在一个守望的位置。而且，它这次又被推选为搜索队队长，可以确信它是治疗师形象

的再现。小飞象的出现不仅是清楚划分治疗职权以后的事，而且它也成了对庭子来说最重要的寻宝活动的负责人。

恢复治疗第八次到第十次　怪兽侵入、战斗炮弹连绵不断

以后的近一个月中，怪兽不断出现。孩子们边寻宝边跟怪兽们作着激烈的斗争：有的人在制造红砖防护墙，有的人在操作大炮机关枪，还有的人在专心致志地寻找宝物。所有的人都在拼命地工作。唯有那两个成年人一心一意在翻阅书籍和演奏乐器。他们似乎没有察觉到孩子们在忙些什么。站在正义一边的虎面人和食钱兽都赶来帮忙驱逐怪兽。炸弹如雷雨，部分场面十分危险。

恢复治疗第十一次　动力总动员、寻找宝物

怪兽们终于都被赶走了。动物王国里所有的动物和童话世界里的人们遵循着小飞象的指示正式开始了集体寻宝活动。滑稽小熊爬到了树上，小老鼠仔细地翻开了草坪，小猪拼命地掘着泥土，等等。唯独那两个大人依然丝毫不动，专注着自己的事。

恢复治疗第十二次　发现宝物！粮食仓库

总动员的结果是，终于找到了一个宝物。那是非常大的一个粮食仓库。打开厚重的铁制大门，就是堆积如山的粮食。由大象领队，所有动物排成整齐的队伍，准备朝着堆得像高山似的粮食走去。

恢复治疗第十三次　小红帽周游世界

小红帽吃饱喝足后决定搭乘飞机前往另外一个世界旅行。为了成为小红帽的同行人员，大家你争我抢，都说自己要去。

恢复治疗第十四次　六个水壶中溢出的水造成了洪水泛滥

大家来到了一片寸草不生的荒地。然而不可思议的是，大家放了六个水壶在地上后，居然个个水壶都溢出了水来。眼看这一片即将被洪水淹没。于是小飞象急忙抱起了其中的一个水壶。水意外地不往外流了。

恢复治疗第十五次　来到沙漠、一个人下落不明

动物们来到大沙漠，各自在沙漠中寻宝。正在大家兴高采烈之际，突然刮起了风沙。大家都被埋在沙堆里。等到大家察觉时，发现有一位成员下落不明。于是，大家赶紧开始寻找伙伴。上周洪水泛滥，而本周又是干旱的大沙漠。

恢复治疗第十六次　找到迷路的孩子！

经过大家的齐心协力，终于找到失踪的伙伴。那是一只“青蛙”。最先找到青蛙的男孩高吹喇叭通知大家。动物们听到喇叭声便纷纷聚集而来。小红帽也赶快跑了过来。她把青蛙放在手掌心，随后紧抱起男孩。

恢复治疗第十七次和第十八次　水壶里的水滋润了沙漠

最先找到青蛙的男孩想出了一个好办法，把造成洪水的水壶搬到了大沙漠。水滋润了沙漠。土地有了湿气，大家便开始种植蔬菜和水果。

恢复治疗第十九次　蛇的天妇罗搭乘火箭从相反的地方回来

与以往不同，庭子这次跑着进入了游戏治疗室。她曾经出现过的婴儿般撒娇的语调消失了，说话和动作都变得十分敏捷。记得出现炸弹雨那一阵子，庭子出现了前所未有的攻击性言行。比如对着她父亲说“你去死”，等等。不过，随后那些言行渐渐收敛，转变成了撒娇状态。

房间里有两架风琴。小老鼠站在一边看着正在锅里油炸的天妇罗。房间外面造起了两座高耸的大楼。旁边还竖立着两艘火箭。

“跟以前不一样嘛。这是什么？”我问庭子。

“是蛇的天妇罗。在这个国家里第一次做的特别佳肴。”庭子回答。

“这个国家是什么意思？”

“一个颠倒的国家。”

“颠倒的国家？”

“就是和庭子住的地方完全颠倒的一个国家。”

“怎么颠倒？”

“在这个国家，大人都听孩子的话，孩子不去上学也无所谓，孩子给大人做饭，动物们都会说话。”庭子说。

“原来是那样。庭子，那你已经去过那个国家了？”我问道。

“嗯。”

“庭子觉得那个国家怎么样？”

“我也说不清。”她回答。

“这是什么建筑物？”

“是飞机场的总控制台。这艘火箭是从颠倒国家返回普通国家的交通工具。”庭子说。

“哦，那就快要返回普通国家了吧。”

“嗯。我也觉得有点儿腻了。”庭子说。

“一个颠倒的国家”。那难道不正是庭子旅行的地方吗？况且，在上阶段治疗的最后一次，那个被做成十字架而成为庭子再度开始上学契机的蛇，如今却变成了天妇罗的材料。这种“转变”真是颇有意思。

恢复治疗第二十次　渡河、从西洋城堡到日本古城

沙盘的中央出现了河流，上面架起了一座桥梁。沙盘的右侧摆放着西洋城堡，左侧是日本式的古城。西洋城堡里有白雪公主、灰姑娘。日本古城里则是滑滑梯的女孩和正在休息的小男

孩。西洋城堡前面有三只老鼠。日本古城前有牛、马各两头。桥上按照马、老人、坐有猴子的汽车的顺序，他们从西洋方向朝着东洋方向缓慢地移动。桥下有两条鳄鱼。桥边有两头狮子也都注视着桥上行走的群体。

明显可以看出，上述的情景是一种“仪式”。无论如何也意想不到作品中所有左右对称的景象都是由一个仅三年级的女孩制作完成的，令人感叹不已。（通过这个仪式）庭子也终于从她本人所说的“颠倒的国家”返回到了“现实的国家”。

恢复治疗第二十一次　学校、小老鼠“庭夫”精神饱满地回答!

三年级学期结束刚放春假，据说庭子对父亲说：“我要去学校上学。”四年级新学期正式开学的四月二号那天，正如庭子本人所说，她很早就起了床，雀跃似地出门上学了。庭子的态度也和以前“勉强起床、终于出门”的模样截然不同。她变得精神饱满。在那种状态下，庭子完成了最后一个沙盘作品。以下记录了作品的内容：

最前面摆放着一张黄色的桌子。迪士尼动画片《小姐与流氓》中的淑女狗像是老师，它面对学生坐着。相反，朝着老师的方向有五六排桌子和椅子整齐地排列着。至今为止出现过的所有动物、小矮人、人偶们都在场。大家规规矩矩地站在桌子椅子前，面向老师（只有一只小猪面朝着其他方向）。

当淑女老师叫到“庭夫”，坐在最前排的小老鼠立即喊

“到”。随后，大家便齐声鼓掌。

这个场景无疑是沙盘作品中的一幕。但是同时也可以说是现实生活中的实景。那是庭子第一次内心世界与现实世界合二为一的表现。

恢复治疗的最后一次　捡到一条流浪的小狗

那天，庭子抱着一只小黑狗来到医院。说是上个星期日在街上捡到的。为了决定是否饲养小黑狗，全家争执了好一阵子。在庭子答应个人负责照顾的前提下，最终家人决定收留小狗。从治疗的角度考虑，对庭子来说那应该有帮助。通过饲养小动物，可以恢复庭子内心动物性的侧面，同时又能够让她找回个人曾经失去的东西。庭子也将渐渐恢复为家里的一员，与往常一样生活。

庭子最终找到的宝物是“学校”与这只“小狗”。她朝沙盘瞄了一眼，流露出一种怀念之情，但是已经不再靠近了。庭子走到玩偶架的前面整理了动物玩偶，并且调换了它们的位置。她让癞蛤蟆背着一个婴儿，把另一个婴儿玩偶摆放在老虎面前，旁边是鹈鹕与乌龟。在另一个放有小红帽、灰姑娘的玩偶架上，她放入了一只小狗，在架子下面摆放了害羞的男孩和红色的金鱼。最后，庭子只是微微地笑了笑。在整理玩偶的过程中，她一直抱着小黑狗。

“从你第一次来医院到现在，已经过了很久吧。今天我们就要分开了。你以后就得一个人努力了。”我对庭子说。

“嗯，没问题。我不会让任何人随便抱这只小狗的。我给小狗喂食，带它出去散步。”

就这样，庭子结束了两年的沙盘治疗。在此补充一句，半年后庭子和父亲再次来到医院。不过，那是已经完全恢复健康的庭子来向我们道谢。

小红帽与太母

各位读者一定在童年时期听说或者阅读过《小红帽》的故事吧。也许您会认为那些故事只是童话而已，与我们的日常生活丝毫无关。但是，在心理治疗追随个人内心意象的过程中，往往能够感受到童话或神话是凝结人类心底深层意识的一种表达形式。

以《小红帽》为例，在“可爱的小女孩被妈妈差遣，穿越大森林给祖母送食品”的故事中，明显隐藏着女性“成熟”的主题。

那故事中的狼又意味着什么呢？正如流行歌曲中所唱的，“男人是狼，你可要小心啊……”狼往往被人理解为拐骗女孩的“男性”的象征。《小红帽》的作者法国作家夏尔·佩罗等人也都持有类似的观点。即从教育伦理的角度考虑，为了让女孩对狼留下深刻印象，一旦小红帽被狼吞吃后，故事也便顿时告终了。

不过，狼“吞吃”的习性与其说是关于男性的概念，还不如说是荣格心理学中强调的“大地之母（Great Mother）”的概念。

所谓“大地之母”，是母亲最基本的原型（archetype），也是给予万物的“生命之母”。同时，她又是“吞吃万物”以至死亡深渊的母亲。通常，分娩出生是创造新生命，是阳性（positive）的象征。而死亡破坏则是威胁生命安全，是阴性（negative）的表现。此外，如同“大地之母”字面意思所表示的，大地让植物开花结果，孕育着万物的生命。同时她又将腐烂死亡的万物再度吞没。这个“大地”的概念阴阳结合，是大自然的一种规律，也是老子所谓“玄”的道理。

或许有点儿偏离话题了。总之我想强调的是，“母亲”概念的意象同时存在善恶或者阴阳的两个侧面。回到现实生活中的“母亲”，儿童有时会从母亲身上投射出“大地之母”的概念（特别强调负面的因素）。因此，他们心中会呈现出随时可能被吞吃，非常“恐怖”的母亲形象。格林童话中的《特鲁德太太》或是《汉赛尔和格莱特》中的巫婆就是其中的典型。另外，河合隼雄的著作《民间故事的深处》一书中也有详细的描述。

接着，说说我们的小红帽庭子。在厌学症儿童的案例中，庭子属于自我未成熟型的“学校恐惧症”。河合隼雄教授将这种症状视为被负面的大地之母束缚所导致的结果。如果用一般科学用语解释，就是自我尚未成熟、无法脱离母亲的状态。更简单通俗地说，即父母过度干涉导致孩子无法独立。这也正是儿童患上厌学症原因之一的“脱离焦虑理论”。

知识型家庭的陷阱

在小红帽庭子的家庭中，每位成员都各自存在不同的问题。然而，其中有一个可以视为“知识型家庭的陷阱”。

在庭子的沙盘作品里展现出的意象中，我强调了“专心致志阅读的父亲与心醉音乐的母亲”的父母形象。即使孩子们在拼命“寻找宝物”——我认为他们是在寻找心中最为宝贵的东西——而父母却始终保持一动不动的姿势。

当然在记述沙盘作品时我也曾经提到，现实生活中的父母并不是那种模样。这里描述的都只是小红帽庭子内心“意象中的父母形象”。对女孩而言，父母如何存在是极为重要的课题。

顺便插说几句。在精神疗法中，患者往往容易把父母说成是“坏人”。比如，被我叫作白鸟绘美的一个十五岁女孩，她因为患有青春期特有的体臭恐惧症而烦恼焦虑。当与绘美首次见面时，她便如此描述起自己的母亲。

“一回想起小时候，就记得妈妈经常骂我，硬拉我的头发，还打我。她完全不像母亲的样子。她嘴上说很担心我，其实根本就不理解我的想法。人都一样，只会做些表面功夫而已。”

白鸟绘美露出了可怕的神情、用粗暴的语气描述着自己的母亲。如果只是听她的形容，一定认为她的母亲似恶魔般的可怕。但是，我实际与她的母亲见面后，印象完全与她的描述不同。这是一位和蔼可亲、稳重自如的母亲，也是一位时代感超强、性格开朗的美女。她完全不像绘美所描述的那般冷酷无情。但是比起教育子女，她确实似乎对工作及其他外交型的工作更感兴趣。绘美的母亲的个人情绪未分化，是一位既理性又聪明的人。在绘美幼小时期，母亲把她交给外祖母照料而个人外出工作，所以在绘美的心中“体验”了上述的经历。

绘美的治疗如期实施。当她克服急躁的情绪后曾经说道：“以前我认为‘母亲’两个字只是一个人的名字。不过现在了解了母亲，也能够理解她的心情了。”

当个人内心状态发生变化时，对于同一个人物的印象，给予对方的评价也会随之改变。这在心理治疗中经常可以遇到。个人内在情绪的变化而致使改变对对方的认识及评价，用精神分析的概念解释，叫作“投射”。白鸟绘美和庭子应该也可以考虑是类似的情况。她们内心的父母形象与现实中的实体是完全不能同等看待的。

有点儿偏离主题了。在此更想探讨以下的问题，即庭子内心的父母形象。简单地说，就是有关知识型家庭的问题。

庭子父亲毕业于有名的T大学法学系，随后立即进入中央政府机关工作，是一个很优秀的人才。据说是由于个人的思想问题被降职而毅然决定报考医学系，最终成为一名小儿科医师。可以说，庭子的父亲是以治疗他人孩子的形式解决了个人经历的“挫折创伤”。他对工作热心认真，相反，他却忽视了对自己孩子的关心与照顾。

庭子的母亲也经历过很长一段时间的海外生活，后来与知识型的丈夫结识。她不仅精通外语，也曾经积极投身于事业。能够想象作为女性的她，内心深处的阿尼姆（女性内心的男性形象）冲突，以及陆续出生的孩子以至无法成为称职的母亲而处于分裂的状态。可以说，庭子的母亲也没有与孩子在感情上建立好稳定的关系。

最终，对上述未能得到处理的问题敢于挑战的则是庭子。当然，那是无意识中的挑战。庭子出现神经性的“症状”是头痛（真正的头痛），随后出现不去上学的现象（应该说这是知识型家庭的要害），于是庭子本人及家人在烦恼痛苦之中开始着手处理问题。

我们在此考虑一下知识型家庭存在的问题。现代日本社会，过于期待“教育”而且偏重知识的观念依然根深蒂固。那也是许多一般家庭所面临的问题。

我并不是说父母文化程度的高低会给家庭带来如何的病因。

不过，从事知识型职业的父母在日常生活中往往伴随着情绪失衡。知识型家庭中的孩子持有的父母形象也容易扭曲变形。

一般认为，在教师及学者之类的家庭中出现的所谓问题儿童，他们对于父母在职业中“扮演的角色”带来的父母身影与现实生活中的父母的人格之间很难产生规律性的联系。举例来说，一位在外被众人尊称老师的父亲，当孩子在家里看见父亲的“影子”（黑暗面）后，他会产生“人也不过是那么回事”“社会上的大人都虚情假意”的念头。因而，那种家庭中成长的孩子很容易形成歪曲本质的父母形象。

与此同时，父母也比较重视对孩子各种知识的培养。可是往往对于孩子来说最为重要的东西，例如关心照顾弱者、积极与周围他人建立良好的人际关系等事项，却容易被忽略。

据我个人推测，部分的知识型父母本人也是在文化程度上得到评价后确立了个人在父母心中的地位。不少人在知识方面极其优秀，可是在感情控制等情绪调节方面却极为欠缺，没有得到完善的发展。换句话说，他们在孩提时代聪明能干得到大人的赞扬，而他们在社会性方面的成长却没有被得到重视。因此有许多人相当任性，在感情控制方面也有未成熟的表现。

当为人父母时，在那种环境中培养自己的孩子，孩子的心中也自然只能够塑造出扭曲的父母形象。知识型家庭中长大的孩子往往存在那样的问题。

其实并不局限于“知识”的这一层面，经济富裕、具有社会地位的家庭或者母亲是所谓“美丽温柔，高干子女”的家庭同样会出现类似的现象。通常，容易将社会地位与个人视为一体，而对于相貌出众的人，大家则会忽视其个人待人处事的能力。这些都是问题发生的原因。话题偏离太远了，暂且先说这些。

说说庭子“不去上学”的症状。在知识型家庭中，极其容易以知识面、知识量来衡量评定个人存在的价值。庭子智商高、学习成绩好，是无可挑剔的好孩子。可是尽管如此，她还是两年没有去学校上学。孩子“拒绝上学”可以说正巧攻击到父母的要害。因为对庭子的父母来说“学校”是最为重要的场所，也是他们可以依靠的地方。

庭子不去学校上学是父母最难以接受的事实。他们无法想象今后女儿如何面临各种更为重要的事情。确立稳定的亲子关系是孩子独立自主的前提。作为父母，有必要重新考虑放弃对自己来说最为重要的“学校”。

少年时期的“死亡”与宗教性

本章节关于小红帽庭子的治疗过程，记述略微偏长。特别对于个人内心意象表达不太熟悉的读者而言，也许难以理解。因此，我们在此试着考虑一个八岁女孩心中的“死亡”的主题。

人，本身无法逃避死亡。死，是一个客观的事实，任何人都不例外。每个人的心中都存在对“死亡”课题的思考。比起成年人，即使没有经历过送别死者体验的儿童或者少年，也会被“死亡”的阴影所笼罩。

河合隼雄教授曾经列举了以下个案。一个六岁的小男孩已经在思考如果自己长大到八十岁父母会变成什么样的问题，或者他会频频追问“人死了后会变成什么样呢？”大场登等人在《艺术疗法》一书中也曾经描述过一个六岁女孩的个案。那是小女孩在母亲流产后，为在黑暗中死去的胎儿送葬的例子。本人也曾经遇到一个七岁男孩。由于父母工作经常在外，自从一直照料男孩的祖父突然病倒，他就经常思考人死了后会去哪里，以至食不下咽。此外，还有一个九岁女孩也是在饲养的小狗死了后出现了同样的症状。

我们回到庭子的话题。她在第一个治疗阶段第十次的沙盘作品“狮子杀死了羚羊！”中出现了“死亡”的主题。在第十八次作品“睡在墓地的女孩”里也出现了狮子、蛇、大象以及因车祸而丧命的婴儿等“死亡”景象。然而，在面临死亡的庄严肃穆的气氛中，意外出现了“四个圆圈”，即“四个欧罗波罗斯（吞掉自己尾巴的蛇被看作永远的象征）”。更令人惊讶的是女孩解释的话语：“任何人都可以自由地从右边的大门进出。不过要是从左边的门通过的话，就再也回不来了。”可以理解那是将希腊神话俄耳甫斯与欧律狄克等故事引以为例，描述的对象也正是“地狱”。从确认羚羊死亡的公狮、骑在象背上的小矮人的存在等摆设，或者墓地的主题、对死者的安魂歌，都可以清楚地意识到庭子看透了自己婴儿时期某一部分的“内心的死亡”。但是即使那样，在“睡在墓地的女孩”的沙盘中也可以让人联想到睡美人或是白雪公主。如果从宗教角度理解，“睡在墓地的女孩”充分表达了“死与再生”的主题。

一个年仅八岁的女孩需要经历如此繁多的事情，实在够受的了。在那种情况下，就要求治疗师做到与个案中的患者共同体验其经历的悲伤痛苦。在刚才提到的一个六岁少年始终询问死亡的个案中，河合教授曾经那样告诉孩子的母亲。“只要孩子说出口就仔细聆听，并且要慎重地持续性地观察。大人不必教他多余的东西，重要的是要与孩子共同分享他的个人体验。”听了河合教授的话，母亲也确实那样做了。于是，有一次孩子对母亲说，“妈妈，我终于想出了一个好办法。即使死了，也想再回到妈妈的肚子里重新生出来。”从那以后，男孩就再也没提起过死亡的话题。

想要解决儿童内心的疑问，并不都只限于逻辑性的思维。疑问是来自儿童的内心深处。因此，即便在表面上给予理论性、逻辑性的回答，也无法解决问题的核心，必须从患者心底的深处去理解问题的本质。那样才能够真正地解决问题。那种做法也可以使内心深处动摇不定的情绪稳定下来。上述个案中的男孩是凭借自身的力量找到了答案，就是类似于此。

谈论了有关“死亡”的话题，又让我回想起其他几个类似的个案。

我的脑海中浮现出一个自闭症儿童S君的个案。当他在学校负责饲养的兔子死了以后，他便带着班里的同学为兔子举行了葬礼。S君也是本人心中仰慕已久的宫胁老师的学生。他只要一听说镇里哪有葬礼，就一定会赶去烧香。我还想起一个五岁的自闭症儿童。他是一个忠实的神社迷。擅长操作电扇或电唱机的他，技术能力相当强。但是只要经过神社，就必定进去礼拜一番。在沙盘治疗中，那个孩子只要看到神社大门的玩偶，就立即把它摆放到房间的一角。经过一番礼拜后，他才开始当天的游戏。庭子也好，S君或者神社迷也罢，在某种意义上可以说他们都对深层的宗教思想敞开了心扉。我认为，那种说法一点儿也不夸张。

为母亲做心理咨询的重要性

通过庭子的个案，我们也可从中看到一个更为重要的问题。就是为母亲做心理咨询的重要性以及它的作用。

通常，心理治疗进入深层阶段，患者中有不少人会出现言行举止退行（退回到婴儿状态）的现象或者出现令人恐惧的凶暴状态。那时如果家人无法清楚地接受与理解，事情就很有可能发展到不可收拾的地步。因此，首先治疗师事先必须意识到危险性，并且一旦情况发生后，做到主动保护患者。其次，患者母亲在负责配合治疗的同时，对她们的支持也是治疗师必不可少的课题。

治疗师既要负责患者又要担当母亲的心理咨询师，那样不仅十分困难，而且往往会造成治疗过程的混乱。

中井久夫曾经说道，“儿童就是把所有大人都看作同谋者的一个群体。”儿童患者的治疗师是否能够真正成为他们的“伙伴”，从而得到他们的信赖，最主要取决于治疗师是否能够保守儿童对父母所隐藏的“秘密”。这种说法毫不夸张。如果那样，一个治疗师同时负责母子双方的治疗就显得尤为困难。因此，往往采取双方同时治疗的方式。即为孩子治疗的同时，也请专业咨询师给母亲做心理咨询。

庭子的沙盘作品就如实地呈现出上述的状况。对于一个人扮演两个角色的我，庭子持有了两面怪兽的印象。她让时光机器发生故障而造成混乱。当本人察觉到暗示后则立即委托K医师负责担任母亲的心理咨询师。

那么，负责为母亲做心理咨询的医师最重要的是什么呢？那就是并非指责母亲，批判“一切都是母亲加害于孩子的结果”等的教育态度。治疗师不能摆出指导者的样子去指示母亲，必须理解“母亲也是与孩子同样烦恼的牺牲者”，也应该察觉到母亲受伤的自尊心与内心强烈的不安及罪恶感，必须以爱与温柔的态度去关心她。

尽管如此，治疗师也并不是过度的同情或者点头附和。治疗师必须为母亲提供安心闲聊的环境。同时，治疗师本身保持悠闲安定的心理状态也极其重要。

另外，治疗师在安慰母亲时说“您一直太辛苦了”，或者直接接受她的个人情绪，说“是啊，的确如此”（土居健郎[1]的用语），通常，母亲掉下的泪水会成为她个人今后的生活方式或者面对孩子时产生微妙变化的重要转折点。事先了解这些知识，十分重要。

最了解孩子的是母亲。今后继续照顾孩子的也是母亲。让母亲能够从个人的经历中得到自信与领悟，心理咨询是一种手段。为了达到那个目标，最重要的是仔细倾听母亲的话语。夫妻间缺乏聆听对方的倾诉或者双方交流甚少致使儿童因父母关系“不稳定”出现神经症的案例也不少见。因此，如果从那些角度考虑，倾听则是极为重要的环节。本人曾经有过这样一个念头，即如果自己能够成为德国儿童文学作家麦克安迪作品中描述的主人公“毛毛”那样就好了。她不插嘴，不给对方任何的指示，只是一个劲儿地用心倾听对方的诉说。那样也能够解决大半的问题。

常说母子双方同时被治疗好，但是实际也并非完全如此。当两位治疗师互相联络不够充分时，反而会造成治疗过程的不协

① 土居健郎，医学博士，精神科医生，精神分析家。东京大学名誉教授。——译注

调，以至混乱不堪。如果那样的话，也许依然是一个治疗师同时负责母子两人为好。当然，我们更应该根据实际情况决定治疗的方法。但是，治疗的重心必须放在儿童身上。一旦儿童的态度举止稍有改变，父母也必定会不同程度的跟随变化。关于这一点，我想在其他章节的案例中也可以得到验证。

第四章

献给死者们的安魂歌

前一章节中描述了孩子关于“死亡”的意象。在本章中，我想讲述虽然年幼但不得不面临“死亡”的两个儿童的故事。在他们极其短暂的人生中，似乎拼命地在向我诉说。如果能够将那些内容传递给各位读者，也可以说是献给死者们的一首安魂歌。

其中一个是名叫瞳树人的男孩。现在回想起来，那已经是七八年以前的事了。当时他十一岁。由于男孩常说“大脑里有蛇”等让人不可思议的话语，加上学习成绩明显下降，家人想查找原因，于是带着他来到了医院。主治医师从瞳树人出乎意料的妄想言行和能力的急剧下降，诊断这是类似小儿分裂症的病状。天生性格温顺、毅力坚强的瞳树人，对于整个治疗是非常努力地配合完成的。不过，想不到治疗不仅没有取得良好的效果，反而在还不到一年的时间里，他说话的概率逐步降低，并且开始用脚尖走路，手脚抽筋的剧烈疼痛也达到了麻痹肢体的程度。

由于他的主治医师调动工作，因此由我负责瞳树人的治疗。瞳树人的痉挛发作更加强烈，屡次出现意识丧失的现象。从测量髓液水压（通过外部刺激让脑脊椎活动的液体）结果发现，男孩脑内极其异常。当与神经外科医师咨询后了解到，如果放置不管，那是余命甚至过不了一个月的严重状态。于是，我立即判断瞳树人需要在脑外科接受紧急手术。

减低压迫大脑髓液压提升的手术，实施得既顺利又成功。瞳树人的痉挛发作也暂时得到控制。其实，在做首次手术之前的X光线拍摄阶段，已经发现男孩具有“脑孔症”的不祥之兆。即大脑的前半头部出现小孔的现象。由于受到某种压迫，导致大脑实质性地不断萎缩。那种病状即为人所知的Schilder病（脱髓鞘性疾病），通常起源于脑肿伤的可能性极大。瞳树人的症状越加严重，不得不再次实施手术。可是病原范围的急剧扩大，即使实施手术，也只能一时性地降低头盖内的液压。手术后，瞳树人只是睁大双眼，一言不发，甚至失去了个人独自吃饭、排便的能力，变成了“植物人”。面对每天汗水淋漓照料他的父母，瞳树人没有任何反应与表情。精疲力竭的父母将内心的悲伤与焦急转变成对医生护士的愤怒（医院确实在病床安排等事项上有不当之处，而且对父母冷淡的服务态度也是事实）。男孩父母内心的怨恨与辛酸再也忍耐不住了。由于实施手术，瞳树人从神经科转到脑外科。从那时起，我就每周直奔外科病床，朝着他那双失去神色、发呆不动的双眼说话，诊脉，听心脏，为他治疗。与瞳树人父母进行心理咨询也是每天的工作。十天、二十天、一个月、两个月，时间飞快流逝。就连父母只想看看儿子笑脸的期望也已经变得不可能。因此，父母内心的悲伤转变成愤怒、悔恨而且愈加强烈。

但是，当治疗过了三个月快到半年时，父母的态度有了改变。他们说道，“即使孩子没有任何反应和表情，也无所谓，只是希望他能够多在世几天。只要他还活着，就是给我们最大的动力。”倾吐了长久以来积压在内心的憎恨与愤怒，瞳树人的父母从起初的放弃达到了领悟的阶段。而且也说到只要孩子活着，即使是现在的植物人状态，对于他们依然非常重要。令人惊讶的是，植物人状态的瞳树人也持续了将近半年时间的生命。

“好样的，又努力地过了一天啊。”父母轮流对孩子说着。那已经成了每天的课题。

某一天，瞳树人的眼睛突然有了神色。他张开嘴，似乎说了一句什么话，随后便安详地停止了呼吸。我想，那一定是他在感谢长久以来耐心照料自己的父母吧。

在医院地下室的太平间，瞳树人的奶奶、父母和我，四人静静地告别了男孩的遗体。那时，我感到，无论是瞳树人本人还是他的父母——父母无疑是哭肿了脸——脸上似乎都露出了爽快的神色。

除瞳树人的个案以外，还有一个十四岁少女的病案。我叫她“神巫舞美子”。关于理由，在以下文章中有所记述。舞美子也患有被称为“多发性硬化”的重病。那是通常被视为极其重要的神经细胞髓鞘的大脑白质脱落而引起类似水泥似的黏着细胞不断地繁殖增加，以至脑内各处硬化、脑功能下降的一种病态。据说是由麻疹病毒感染所引起的疾病。然而，其治疗方法至今依然还未发现。

舞美子从小儿科被介绍到我这里来。起初，她只是患有语言障碍。随后，她手脚的肌肉麻痹及萎缩不断地扩大甚至双目失明。在女孩死亡的前两三年，她已经不能独自穿衣，就连吃饭上厕所等日常生活的简易活动也都做不了。最后，她只能是躺在床上一动不动。父母无微不至的关怀，特别是母亲舍己的照料墨笔难以表达，让人钦佩无比。母亲每月两次背着舞美子来到医院就诊，这件事就足足持续了七年之久。

在此不能记述治疗的全过程。但是，对于舞美子死亡前后的某些情况我将加以说明。

当时，失去视力、手脚肌肉麻痹萎缩的舞美子已经瘦得不成样子。然而唯一的“搭救道具”是她的一双耳朵。据说，生病之前每次就诊回家的路上，舞美子总是去音像制品商店买圆舞曲的唱片。一次买一张也是她个人的爱好。在死亡的前几个月，舞美子的感冒症状因为过度地拖延而形成了肺炎。原本她本人来医院就诊的要求也变得不可能，只是由母亲偶尔来医院领取药物。对于舞美子喜欢欣赏音乐的爱好，我想着是否能够为她做点儿什么。于是，我决定送她录有圆舞曲的磁带和录有本人语音的音像制品。我一共准备了两张。前一张录制了一些曲目并附有解说，后一张则是我晚上在医院值班，伴随电台音乐节目朗读的诗集，那是山敏彦翻译的诗集作品。当然，唱片中还有我个人对舞美子说话的部分。后来听舞美子的母亲说，女孩听了唱片特别高兴，有时甚至会用失明的双眼以无声的状态附和音乐的节奏。

以下是我最想记述的部分。那一切都是发生在舞美子死亡之后。

舞美子停止呼吸的瞬间发生了不可思议的事。舞美子的姐姐与阿姨同时做了一个完全相同的梦。内容如下：

> “舞美子身穿白色上衣，红色外套。她坐在床边，用三支手指硬撑在枕头上，嘴里说着‘长久以来受到大家无微不至的关怀与照料。今后还请各位好好照顾爸爸妈妈。再见吧’。浮在空中的舞美子的身体渐渐地缩小，大门打开就立刻消失了。”

已经出嫁的姐姐也做了同样的梦。她打电话给母亲时，正巧舞美子停止了呼吸。随后，阿姨也打来了同样的电话。

母亲接听了两个电话，确信那必定是女儿的遗言。舞美子入殓那天，母亲让女儿穿上舞美子在梦中出现时的服装。家人在整理舞美子的棉被时，找到了一个高约十五厘米的金色佛像。那是她在我的治疗室内找到的阿弥陀佛如来像。

舞美子家人为了传达女孩去世的消息，给医院打来了电话。由于我事先有了安排，遗憾没有能够参加舞美子的葬礼。我给女孩的家人发了一份电报。

“舞美子小姐，未能帮助于你，内心感到惭愧不已。祝愿你能在那个世界幸福。”

几天后，母亲带来家中找到的阿弥陀佛如来像，向我述说了以上的所有经过。那座佛像摆放在家中书斋七天后，如今放回到了大学的研究室。

最后，我想把舞美子在十四五岁健康时期写在医院黑板上的诗记述在此。

雨

心中下着雨
淋湿了身体的雨
即使内心被雨淋湿
我也不会流泪
因为内心时常会下雨

我的妈妈

妈妈有点儿可怕
妈妈很温柔
只有两者兼备才是真正的妈妈
不过妈妈你可别生气

第五章

红鬼蓝鬼的噩梦

（地狱鬼太郎　七岁）

可怕的绘画

七岁的鬼太郎每天晚上都睡不着。每到黄昏必定战战兢兢地注视着一切。若周围稍有变化，例如电视节目中出现杀人镜头、房屋爆炸场面，或是谁的话语中含有恐怖话题，鬼太郎就会害怕得大哭起来。母亲通常不得不哄骗他。当鬼太郎看到从学校同学处借来的漫画中描写到“地狱”，他几乎整个夜晚都大声地哭叫不停，“地狱，是地狱！”闹得谁也睡不了。家人简直毫无办法。于是，母亲便带鬼太郎来到了医院。

“医生，您说世上哪有地狱啊。这孩子整天大哭大闹，“地狱、地狱”叫个不停。无论我们怎么说（没有地狱），再怎么哄骗他，他都不听。也许是他的脑子出了问题吧，是哪里有病吗？”

跟随母亲来到医院的鬼太郎，皮肤白晰，五官端正。不过，透过他的双眼能够看出他有一种畏惧不安的神情。母亲独自接二连三地诉说起孩子的事，也可以感受到长久以来内心积压的焦虑

不安。

母亲走出治疗室，留下我和鬼太郎两人。我便试着询问了一些问题。不料，那孩子依然带着恐惧的眼神，紧闭着小嘴一言不发，明显是心神不定。因此，我认为与其用语言交流，还不如通过抽象的意象交流来达到治疗的目的。一给鬼太郎画纸，他就立即拿红色蜡笔在画纸上乱涂乱写，画起了可怕的“红鬼”图。稍过不久，他又问我要了一张画纸，随后画起了一只“蓝鬼”。

红鬼头上有两个尖角，并露出了獠牙。只带一只角的蓝鬼露出恐惧的神色。两头怪兽都叉开了大腿，以丝毫不动的姿势站着。

“原来是每天晚上有鬼吓唬鬼太郎，所以让鬼太郎整天睡不着啊……”

当我一个人在唠叨时，孩子目不转睛地注视着我，并且点了点头。

那是我与鬼太郎“相遇的瞬间”。

即将倒塌的房屋

第二周。母亲说鬼太郎的心情有所稳定，并诉说了孩子的生活史。在母亲的话语中没发现鬼太郎有任何异常。家中有一个比他小两岁的妹妹。兄妹间的关系很好，似乎也不存在问题。

母亲一离开候诊室，留下我与鬼太郎两人，这个孩子就立即画起画来。

> “一个少年和妹妹正在爬山。突然身后出现类似狮子的猛兽朝着兄妹俩追来。猛兽的正对面也是凶恶的动物。它们虎视眈眈地注视着两个孩子。少年的前方是悬崖绝壁，还倾斜着一栋房屋。”

鬼太郎默默地给作品上色。他用尽全身力气似的把猛兽涂成茶色，将眼看快要倒塌的房屋涂上黄色，还给拼命登山的兄妹俩分别涂上了绿色与粉红色。

“那真可怕！后面猛兽追来，前面悬崖绝壁，即使想跑也跑不了啊。房屋眼看就要倒塌了。太可怕了！”

边看着图画，我边朝着鬼太郎这样说道。

母亲的指责

又过了一周。母亲说了鬼太郎的近况。男孩又一次在家里大哭大闹，嘴里“地狱、地狱”叫个不停。大人哄骗他没有“地狱”，才好不容易让他睡了，结果他又连续两个晚上尿床。从母亲的话语中得知，那两个傍晚父母都是吵架至深夜，而且母亲狠狠地责备了父亲。

> “那个男人，结婚前特别温顺，没想到现在却变成这样子。他整天不好好工作，每天晚上在外喝酒赛马，也会经常打麻将到深夜才回家，始终大手大脚地乱花钱，太不像话了。为了这个家，我这样拼命努力，想要的东西一个都舍不得买，他根本就不理解。我最讨厌不规矩的人。像他那样吊儿郎当的，绝不能原谅。孩子发病前，连续三年我们俩几乎每天吵架，最后就互相提出离婚。如果没有孩子，我早就和那个男人离婚了。”

聆听母亲的诉说，似乎丈夫没有优点，都是缺点。总之可以理解为，在孩子看来，其实那三年就是体验了现实生活中的“地狱”的三年。绘画作品中的红鬼、蓝鬼、猛兽，仿佛就是鬼太郎的父母。而那栋快要倒塌的房屋，就像他们的家。

我情不自禁地大声说道，“鬼太郎妈妈，您对孩子说世上没地狱，那可是谎话啊。难道不是真正的谎话吗？对鬼太郎来说，你们的家不简直就像一个地狱吗？”但是，我内心又突然感到非常矛盾。好好照顾这位母亲是我的职责。要是连母亲也倒下的话，那孩子不就更没有人照顾了吗？

鬼太郎的母亲脸色苍白，她是第一次边说话边露出了惭愧的表情。“是的。我们夫妻俩确实只考虑了自己，完全没有为孩子着想。”此前，母亲始终深信个人的言行准确无误，不可能被任何人随意指责。在她的脑海中，错的只是丈夫，只有丈夫才应该遭到批评。与此同时，她对于来自他人的指责又特别敏感。这样的母亲，为孩子所作的考虑就自然少了。通过那场对决，我是想让她意识到这一点，所以才情不自禁地说出了以上的话。说实话，为了取得效果，即使事先有意识地准备对决，也未必会发挥得如此出色。

那天，鬼太郎画了一张又一张的怪兽图。他依然面无表情，一声不响。

父亲的主张

过了一周，鬼太郎由父亲带到了医院。这也是父亲第一次来医院。走进治疗室的他似乎显示出非常抱歉的样子，他说道：“虽然内心觉得对不起孩子，不过，我最近还是整天喝酒。被责备是一个不称职的父亲，我心里也早有准备。可是医生，您也得替我想想吧。一个大男人，随便做什么都得听从老婆的指示，世上哪有这条条款啊？略微晚些回家，她就问这问那追根究底，‘去哪里了？和谁一起去的？’花任何钱也都得向她汇报。谁也不想整天去赛马打麻将啊，但是，我又不知不觉总会朝着赛马场走去。医生，都说孩子是维系夫妻感情的纽带。现在孩子成了那样，特别是上次他母亲被学校老师点到名后，我也好好考虑过，今后还是规规矩矩做人。”

从父亲的话语中可以察觉到他内心的羞愧。与其说基于妻子思想上的死板（只是说头脑的不灵活），过于规矩的性格以至拼命想把丈夫拴在家中，还不如考虑正是妻子的那种言行举止才引发了丈夫懒惰不堪的习性。

上天赐予的能力

鬼太郎那天画了一幅画。

> “燃烧的房屋被扑灭，冒出了残余的烟。孩子们爬山结束回到家来。过去拼命追赶孩子的猛兽也静静地坐在草丛中目不转睛地凝视着他们。”

鬼太郎像是察觉到了父母的和解。通常，在儿童的绘画中可以看到类似的、极其正确地表达出现实状况的作品。当然，并不是每一张作品都是如此。读者们即使让身边的儿童画画，也未必会那么出色地表达出来。对于神经症儿童，人们往往以否定的观点去认识他们。但是，我们可以从另一个角度去思考。每一个儿童患者都即将开拓崭新的未来。同时，上天也都赋予了他们奇特的创造力与惊人的“智慧”。根据瑞士心理学家荣格的理论，那正是“自己（self）”天生具有的一种超越能力。

那次治疗以后，鬼太郎结束了就诊。大约过了两个月，母亲打来电话说，虽然依旧有点儿担心，但是鬼太郎的症状确实日益好转，逐步恢复了健康。从此，鬼太郎也就杳无音信了。

对于孩子来说的梦与威吓

鬼太郎的症状用精神医学的专业术语，叫作“夜惊症（night terrors）”或“噩梦（night mare）”。从鬼太郎的年龄来看，正巧处于这两个概念之间，因此难以给予正确的定义。根据美国著名儿童精神医学家堪纳的著作记载，通常两者大致有以下区别：

> “所谓夜惊症，是指在夜晚睡眠中经历恐怖体验后，儿童突然从床上爬起，眼珠一动不动注视四周，有时会兴奋地乱跑，紧紧搂住某个人或某样物品。他们大声喊叫，哭个不停。但是他们本身处于睡眠状态。隔天即使询问他们本人，他们也是一无所知。那种状态一般会持续将近二十分钟。”

另一个是“噩梦”的概念。

> “那是能让儿童吓得睁开双眼，充满恐怖的一种睡眠体验。在儿童睁开双眼的瞬间前，也许能够看到他们防御的动作或者听到呻吟。当醒来后，他们的兴奋情绪就会有所控制。他们能够把体验的经过告诉父母。不会幻想似的看错四周的物品。噩梦体验持续在一两分钟之间。”

在堪纳博士的记载中，以“夜惊症发生在青春期以后极为罕见”的观点来区分以上两个概念的不同。但是我认为，“夜惊症”与“噩梦”其实是两个相同的概念，两者的差异仅在于因我的发展所带来的意识水平上的判断梦境的能力不同而已。

鬼太郎每天过着父母感情不和、争吵不停的生活。不知不觉中，他的内心就渐渐变得不稳定。最终，以至当看到漫画书中的“地狱”场面时，他在夜里就做起噩梦，出现夜惊症。鬼太郎心中充满焦虑和不安。个人言语中表达出的“地狱”，也恰好如实地反映了他内心的意象部分。

孩子经受噩梦的威吓，通常会引发他们一整天的不安或者使他们在傍晚感到恐惧害怕。比如，我的女儿在七岁三个月时和她八岁七个月大的姐姐两人一同去了奶奶家。那时正逢暑假，之后两个女儿出生以来首次乘坐火车，独自回到家来。恰巧那天傍晚有持续了近两小时的雷雨。女儿们似乎特别害怕，不过，最终依然顺利地回到了家。果然就在那天夜里，二女儿做了“噩梦”。她从床上爬了起来，说是“幽灵的梦，太可怕了……”以至不敢具体描述。我略微仔细地问了她，回答是白天在奶奶家看了关于幽灵的电视。白天观看幽灵电视，当然并不是引发噩梦的原因。显然是离开了父母的两个孩子独自乘坐火车的紧张不安所导致的。（有趣的是，二女儿一坐上火车就立即睡着了，也可以说是对紧张状态的一种补偿）记得这个孩子在两岁时，也是和姐姐两人在家。傍晚不停的打雷声吓得她在地板上撒了尿。对于一个七岁女孩，经历如此不安的恐惧体验后，内心的容纳量往往会无意识地增大。紧张不安的情绪也可以说是通过噩梦的形式在睡眠中不断涌现而来的。

顺便说一句。就在同一天经历了同样体验的大女儿，也在当天晚上去了两三次厕所。隔天说是两次撒尿一次腹泻。虽说大女儿没有做噩梦，但是也有可能那是她做梦后惊醒的举动。在火车上，当时妹妹处于熟睡状态，她必定是一声不响，一动不动地注视周围。是过度的紧张导致了大女儿夜里的腹泻。

我们从这个例子中可以看出，对孩子来说，即使白天观看恐怖节目或是受到某种威吓，夜里也不会做噩梦。那些事也许偶尔会诱发噩梦。通常，大人应该能够猜测孩子内心积压的不安与恐惧。当然，引起不安恐惧的原因难以定义。例如，父母争吵分离，母子父子间纠纷，朋友间争吵，等等都可以考虑。

常说儿童是否会向大人诉说梦的经过，取决于他所处环境中的大人的态度。换句话说，即儿童周围是否有一个安心的可以自由倾诉的环境。与成人相比，儿童更能感受到这一点。我们往往不应该强硬询问儿童关于梦的经过。相反，当儿童积极主动说起时，我们必须仔细地聆听。所谓“梦”，其实也是给予意识部分的一种补偿。白天生活中未尽兴的部分，会在夜里的梦中得到补偿。梦中出现的意象，特别是类似于噩梦中伴随感情肢体动摇的意象，如果直接理解会痛苦难受。通过语言表达，可以减轻内心恐怖带来的压力。但是，那时需要周围人仔细地聆听。如果只是凭兴趣听听而已，也许就像在伤口上撒盐。充其量就是梦，以随意听听的观点，也许会被梦者看作是傻瓜。我们与其给予儿童回答，倒不如说，默默地倾听比任何举动都更为重要。因为梦，永远是内心一颗秘密发光的宝石。

第六章

“你不是我妈妈”

（恋母雾子 十一岁）

突然间的错乱

我叫作雾子的女孩十一岁。她与我只见过一次。雾子的母亲常在女儿面前只说学习。也难怪，雾子的成绩确实不好。除此以外，比雾子小三岁的弟弟若是成绩略微好一些，他就受到全家人的宠爱。前几天姐弟俩做了完全相同的事，姐姐雾子被批评而弟弟却没有受到任何的责备。因此，雾子总觉得自己似乎得不到母亲的关爱。恰好父亲比较公平合理。雾子近来渐渐长大，言行举止也更像是成熟的女孩。或许是因为这样，比起弟弟，父亲对雾子更加温和。

那天，母亲决定参加由某个妇女团体策划的旅游活动。整个行程计划是星期天出发，隔天傍晚返回，一共两天一夜。由于包租汽车外出旅游，于是大家约好当天早上趁早集合出发。不巧，当天早上雾子的母亲耽误了时间，于是匆匆忙忙地离开了家门。她由丈夫开车送到了约好的集合地点。正巧那天雾子也起了床，因此父女俩一同送了母亲。雾子突然间的精神错乱就是发生在那以后。即送走母亲坐上出发的汽车，在父女俩即将返程的车中。

突然间，雾子头痛得似乎快要裂开，而且说浑身发冷。不知

怎么回事，一种不安的恐惧朝着雾子袭来。外出旅游的母亲犹如一去不复返，女孩大哭大闹起来。

“妈妈已经死了。妈妈去哪里了？妈妈不在，太寂寞了。”

听到女儿的大声喊叫，父亲惊讶不已。

“妈妈不是刚乘汽车去高山旅游了吗？说好明天就回来。雾子，你刚才不是也听到的吗？”

父亲即使拼命哄雾子，也无法控制女儿异常的情绪。她哭喊不停，闹得越来越厉害。车外漆黑一片，父亲决定让雾子再好好睡一会儿。“好好休息一会儿，情绪就能稳定下来吧。早上起得太早，可能还没睡醒。”父亲那样想。

不料，雾子睡到十点起床后依然感到急剧的不安与恐惧，而且顺口说出要去迎接母亲的话语。她大哭又大喊。由于女孩两三天前患了感冒还稍有热度，父亲给她服了药，让她休息。然而，雾子不安的神情依然没有得到丝毫改变。

某个契机

让雾子家人感到惊奇不已的是，第二天傍晚母亲回到家的瞬间。久望母亲回家的雾子，原本应该安下心来。面对打开房门手持丰富土特产的母亲，女儿居然叫道：“你是谁？怎么乱跑到我们家来？对了，你是邻居阿姨，一定是走错门了。”

母亲听了目瞪口呆，惊讶得说不出话来。不过，依然认为女儿是在开玩笑。过了不久，面对平时不爱开玩笑的雾子，母亲察觉到她的眼神与往常不同。当询问丈夫后她才得知，这是前些天自己外出离开后刹那间发生的事。

“雾子，真的不认识妈妈？你到底怎么了？”

面对雾子，母亲虽然目瞪口呆，但也没有慌乱得失态。因为她原本就不属于特别感性的性格类型。尽管母亲就在眼前，站在一边的雾子嘴里却依然叫个不停，“妈妈到底去哪里了？妈妈，妈妈，快点回来啊。”她边说，边神情不安地全身颤抖着。雾子空虚的眼神，嘴里乱说着莫名其妙的话语。“我像死了一样。是自己在走路吗？现在我到底在哪里？周围的人都有着像死人般的蓝色脸。所有一切都像在做梦……”

处于那种状态的雾子被领到了精神科治疗。也许那是处于歇斯底里性质的朦胧状态。女孩严重失去了现实的感觉。个人的意识水平达到了与通常状态截然不同的地步。从中也暴露出雾子被长久抑制的阴影（负面）人格。由于当天接待的医师不是儿童精神医学专业，于是女孩被指示隔天再来我这里就诊。当天医院也没有给予任何的处方。说实话，那种判断到后来尤为见效。

从医院回家的路上，雾子与母亲走进一家点心店，买了些馒头。随后，雾子立即就意识到了自我，回到了正常的状态。之前必须有人守护，否则恐惧不已完全找不到自我的雾子，所有异常的状态刹那间消失得无影无踪。拧拧她的脸颊发出了嘎吱声。她突然间恢复了生机，她也听到了汽车来来往往嘈杂的声音。母亲站在女儿身边在支付馒头钱。冬天的太阳虽然微弱无力，然而中午光辉灿烂，天空中出现了云彩。

意识化过程

第二天，雾子依然按照指示跟父母来到了医院。她是一个鼻尖和脸颊上略微长着青春痘的小学生。

我要求雾子按顺序，试着用语言表达至今为止事情发生的经过，特别仔细询问了当时不可思议的状态的“入口”与“出口”，努力协助雾子的意识化过程。有关下一章节中记述的个人见解，当时我并没有说出口。考虑到对于那个年龄的儿童来说，（即使说了想法）不仅不起作用，反而会给他们带来消极负面的影响。相反，通过两三道类似心理测试的题目，我确认了雾子现在的状态。最后断言，“已经没事了。太好了，雾子从恐惧不安中回到了现实。如果有高热或者感到全身疲劳，那再来医院看看吧。如果一切顺利，以后就不用来了。注意保重身体。”于是，雾子的治疗也就此结束了。

孩子“被领养孩子”的幻想

无论是白雪公主还是灰姑娘，童话故事的开头，主人公温顺的母亲往往早已离开人世，取而代之的则是诡计多端、令人讨厌的继母。白雪公主的继母绝不允许任何人比自己漂亮，也曾经计划两次暗杀美丽的公主。这是一个极为可怕的母亲。但是，也有观点认为那才是亲生的母亲，而并不是继母。在这十年里，我始终从事着儿童心理治疗的工作。我认为，那种说法确实比较恰当。并不是近些日子虐待、抛弃婴儿报道的增加，残忍母亲的增多等单纯的理由致使本人有了上述的观点。社会上确实存在没有把婴儿看作亲骨肉，甚至杀害婴儿的母亲。不过，即使认为残忍母亲与自己毫无关系的“善良母亲”，从儿童的角度考虑，母亲像是童话故事里的山中女妖、红色魔鬼的场合也并不少见。正如第三章中所述，那可以称为“母亲身上投射出的消极的大母原型”。举个例子：

比如，在原本有一个两三岁儿童的家庭里又出生了一个小宝宝。如果原先是独生子女的家庭，此前的两三年，母亲必定把全身的爱心与关怀都倾注于那个孩子。对孩子来说，母亲温顺又美丽，是一个极其重要的人物。事实上，孩子也必定是那样认识的。但是，当弟弟妹妹出生后，如此伟大温顺的母亲不会如同以往那样照顾过去的独生子女了。通常，她们会把注意力放在出生不久的、孤独无力的婴儿身上。于是，对于家里的老大来说，母亲简直判若两人，已经转变成了一种另外的存在。从母亲的角度分析，在照料婴儿的空闲里，即使想把关爱倾注于老大，精力与能量也必定会减少。何况即使在确实想要照顾老大的条件下，也不能保证必定能够提供原有的无微不至的关怀。相反，如果儿童向母亲提出要求，则会被大人责备。那时，孩子就会自然地意识到母亲突然间怎么变得如此冷淡而可怕。根据孩子的理解，过去温顺漂亮的母亲已经死了。现实生活中冷淡无情的女性不是亲生的母亲，而是一个继母。儿童即使持有如此的幻想，也并不奇怪。

上述现象在急性精神病患者中经常可见。精神病理学家木村敏把这种现象称作“被领养孩子的幻想”。更何况，当母亲对孩子持有消极的情绪时，孩子更容易把她看作是歪曲的大人。当然，大部分儿童即使持有歪曲的母亲形象，如果在一两岁时形成的基本信赖（basic trust）得到了完全的保证，他们也能够体验到现实生活中母亲无微不至的关怀。孩子们会无意识地度过那个环节……。

此外，现代社会中还存在着一个尤为重要的问题。可以说，近年来儿童目睹父亲工作，从而感受父亲的坚强意志的机会几乎已经不存在。相反，出现在他们面前的是拖着疲惫不堪的肢体、倒头熟睡的父亲形象，或是一言不发、只管阅读报纸观看电视的父亲形象。还有，可能只是一个偶然买了美味土产，偶尔陪伴孩子外出游玩的“好爸爸”，或是一个是否在家完全无所谓的父亲形象。相反，孩子眼前的母亲则整天在家扫地、做饭、洗衣服，包揽了全部的家务活。稍有空闲，她们也会逼着自己“好好学习”。偶尔还会亲自指导功课。孩子眼中辛勤工作的只有母亲。因此，他们会自然地形成“世上持有全权掌管地位的只有母亲”的观点。当孩子到了即将入学的年龄，便会渐渐对父亲在外拼命工作的现实有所认识。但是，上述的状况依然难以得到改变。母亲整天唠唠叨叨，忙忙碌碌，难以亲近。而父亲只是偶尔的好爸爸或是不受重视的存在。

我给雾子实施了三种心理测试。她做出了以下回答：

树木人格测试。第一张作品“树干较粗、无树枝、用云状的包冠线画上轮廓的图形”。第二张作品“树干依然上方敞开。不过这次画了一棵较细的树干。树干左边长着两根树枝，右边则仅有一根。左边的树枝敞开，右边的树枝则呈现出尖锐状”。所有的树根都是从画纸的底部开始着手画的。

雾子的三个愿望。①“个人健康”；②“父母长寿”；③“将来住入宽阔舒适的房屋”。实施“转生愿望法”后，雾子说“来世想变为长颈鹿或斑马。长颈鹿的脖子能敏捷地转动，有意思。而斑马既漂亮又聪明。”

雾子说“来世没有特别不愿意变成的东西”。另外又说道，直至恢复正常状态的前一天夜里，病态中的自己反复多次做着一个可怕的噩梦。“从异国他乡来了三个陌生人。他们朝我扔球，用脚乱踩我，欺负我。”

我边听雾子述说一时性精神病状态的经过和心理测试的回答，边考虑她为何会出现那种状态的理由。我得到了一个假设。即“在雾子的无意识水平中，必定是期望母亲坐车出发的身影消失后永不返回。”

雾子内心有上述想法，但是个人又想断然否定。因此，口中说出了“妈妈不在，赶快去接妈妈”的话。可是事实上，当母亲旅游回来，雾子意识水平上没有认出她是亲生母亲，反而坚持说是“邻居阿姨”。这个举动正是生活中的雾子内心长久压抑，即“对我（雾子）如此冷淡的母亲不是真正的母亲”的想法的具体表现。然而梦中的雾子屡次被异国他人责备，受到百般折磨，也必定是她个人良心上对于“邪恶心”的苛责。梦中受到异国人的责备，其实现实中的“异国人”正是雾子自己。梦，恰恰“逆转”了雾子意识与无意识这两个部分。

回到刚才的话题。雾子的“三个愿望”是她在意识水平上试想重新改变个人态度的表现。首先希望“自己健康”，其次“祝愿父母长寿”。也许有读者会有疑问，处于某种状态下的患者的回答，或许极其通俗常见，又可能是患者胡说的结果。治疗师设法从那些回答中寻找奥妙玄机，难道不是“过度地解释”吗？但是，往往越接近胡说、越通俗的回答，越能够忠实地反映出个人内心的真实状况。那也正是弗洛伊德、荣格发现的无意识的作用。实施了“转生愿望法”，雾子暗自盼望个人能够“敏捷地出现”，“具有醒目的外形”。如果将它考虑为是雾子无意识中情结（complex）的“瞬间外露”，难道不是更有趣吗？也许，本人的解释只被看作是顺口说说而已。在抽象的意象中，类似上述的想法往往会引发其他更多的联想。

关于那些，暂时姑且不说。雾子恢复正常状态的“出口”是“与母亲买馒头的瞬间”。那相当关键。馒头通常是“心情舒畅时品尝的食品”。至此，过于强调母亲消极面的雾子，就在那个瞬间突然看到了母亲善良的一面。她边与母亲购买甜品边从中“挽回了母亲的宠爱”，“找回了母女同体的感觉”。脑海中消极的母亲形象刹那间转变成了一位和蔼善良的母亲。与此同时，杀害母亲的悬念与内心所有被抑制已久的非现实的想法也自然消失得无影无踪。最终，雾子回到了自我。

刚才我也提到，上述所有的解释并没有告诉雾子本人。不过，我让雾子明确了导致一时性精神病状态的“入口”与“出口”，也清楚地告诉她已经成功地恢复到“现实”。所谓心理治疗，形式各种各样，各不相同。有类似此个案，只是通过一次治疗就顺利结束的个案，也有的个案会历时多年。作为一名治疗师，必须缓慢且耐心仔细地等待“时机的成熟”。雾子来医院治疗的时期，也恰好是她个人的“成熟时期”。

在此记述的观点当然只是我个人的“见解”，必定有读者认为只不过说得“犹如事实”，实际上缺乏严密的科学性。再次说明，本人的想法毕竟只是个人意见，并不强调是绝对正确的观点。但是，即使那么说，那些首尾一致、非牵强附会的个人观点，也能够被众多读者所理解。我认为，最关键是来自于和雾子面对面、真诚的交流，是我个人亲自经历体验的结果。通常，“解释”往往只是一种“假设”。根据患者言行举止的变化，治疗师的“解释”也在不断地变化，一时性的解释并不起任何作用。事实上，当每次与患者面谈，“假设”往往会被重新更改。或许治疗师会注意到此前从未意识到的患者的另一些侧面。但是，如果治疗师不持有解释地去应付患者，通常现实会超越他们本身的界限。“解释是给予治疗师的安心药”。虽然是一句带有讽刺含义的良言，这种观点也很重要。治疗师持有稳定的态度是给予患者最大的“安心”。与其说解释，不如说由解释给治疗师带来的安定感是何等的重要。最正确的解释并不只是来源于唯一的一个侧面。即使从任何角度去思考，也依然能够得到相同的结果。那时，解释才可以或许刚可以得到某种程度的信赖。

有一部名为《我与乔治》的儿童小说，内容涉及少年内心黑暗阴影人格的描写。其作者是美国著名儿童文学作家柯尼斯伯格（E.L.Konigsburg）。乔治，其实是主人公本杰明的另一种人格的再现。小说中也如此记述，从成人观点考虑，这也许会被判断为精神病的某种症状，但是部分感受性敏锐的孩子往往极其容易一时性地患上那种病症。本书中提及到荣格、作家赫尔曼·黑塞（Hermann Hesse）、纪德（Andre Gidé），他们在童年时期也似乎都经历过那样的体验。

第七章

以照片为媒介的心理疗法

（塞得过满诚 十四岁）

作为疑病症的便秘

请允许我在此粗鲁地提及有关粪尿的话题。美人也好圣人也罢，只要是人，放屁拉屎都是正常的生理现象。人，并非生活在完美至上的世界中。日常生活中往往许多事物的本质与粪尿有密切的联系。例如，下手粪、自弃粪、粪真面目、粪度胸等[①]。此外，用排泄粪便的器官比喻形容的常用语也不少。比如，屁股沉重、擦屁股等。

关于粪尿，已经说了不少。想给大家介绍一个十四岁少年，体内粪便积压过多，被我取名叫“塞得过满诚”的故事。

某一年夏天，诚君由某个先辈医师的介绍来到医院治疗。据他个人所述，出现“便秘和排便时疼痛、腹痛、头痛”的症状。也就是由于体内积压过多的大便而导致全身疼痛，甚至达到动弹不能的地步。有读者自然会产生疑问。为什么“便秘、腹疼”会去精神科治疗？那是精神科治疗的范围吗？当然，通常患者并不是起先就由于那些症状而直奔我们这里来。即使来到精神科，我

① 日语常用表达方式。笨拙不堪（下手粪）、自暴自弃（自弃粪）、一本正经（粪真面目）、傻大胆（粪度胸）的意思。——译注

们也未必会立即判断那是精神科的治疗范围。为了找出病因，患者需要接受内外科的各种检查，即“找出病因、对症下药”。但是，无论通过何种检查，患者中都会出现并非具有“科学客观”的理论依据的异常症状，而他们个人却非常痛苦。通常，我们把那些症状称作“疑病症”或者“心气病”[①]。

所谓“疑病症”是指由心理问题直接实质性地影响到肢体各部位的症状，比如“胃溃疡”“本能性高血压”等。而“心气病”也同样起源于心理问题，类似于“疑病症”。但不同的是，“心气病”患者身体的实际无异常，但患者本人感到浑身疼痛，似乎伴有异物。那是一种神经症的状态。不过，虽然那么说，我们也应该把“心气病”与通常的“假病、装病”区分开。这与通常的“心理作用”有所不同。“心理作用”是指实际身体各部位不疼痛而患者本人却从心理上感到疼痛的意思。考虑何谓“心气病”，“心理作用”确实说到了它的核心。但是“心气病”患者确实感到肢体疼痛，存在异物。因此，对于同一个概念，通常的理解与患者的实际状态略有差异。

回到诚君的话题。我们的“塞得过满诚”，就是患上了“疑病症”或“心气病”。

诚君起先并没有直接来精神科治疗。自从中学一年级第三学

① 也称神经衰弱。——译注

期[1]出现上述症状以来，他跑遍多家医院，也接受过各种不同的治疗。有时会被医师诊断为虫垂炎，安排住院进行手术治疗。东跑西转的结果，诚君的“便秘、腹痛”不但没有得到治疗，相反却时常出现“恶心、呕吐”的现象，便秘也愈加厉害。诚君说，即使偶尔排便也会“排便时疼痛”。处于那种状态，男孩悲观不已。据说他曾经服用大量安眠药，也有过企图自杀的行为。

有一段时期，诚君重整旗鼓，努力参加学校柔道体操部的各种活动。不过，他的“症状”依然没有得到好转。东跑西转走访了多家医院，令诚君个人精疲力竭，于是产生轻生的念头。那段期间，他恰好遇到一位在外科就诊的精神科医师。那位医师判断，与其说诚君的症状是外科的治疗范围，还不如说是精神科的症状。就这样，诚君被介绍到我这里来了。

凑不齐的家庭人员

讲述诚君的家庭情况是考虑他“病因”必不可少的一个重要因素。

诚君出生在都市郊外的一个小村里。家里两兄弟，他是老

① 日本学校的第三学期是过了元旦假期开始上课，直至三月底学年放假的那段期间。——译注

二。父亲是“小心谨慎、不发脾气、爱发牢骚的乡下人”（以下所有评价也都是诚君的话语）。母亲则“喜欢外出活动，即使晚上也会带着自己外出”。诚君五岁那年，母亲跟随某个男人离家出走。诚君说，“当时的情景至今历历在目”。

此外，祖父“性格孤僻，年轻时就成了某个宗教团体的信奉者”。据说，他在二十年前就不见祖父在家的身影。诚君来医院治疗的半年前，祖父浑身浮肿，身体衰弱，说是以“快要死了的样子”回到家的。想不到两三个月后，身体恢复健康的祖父居然整天在家无所事事。诚君还说祖父是“喜欢刁难的性格。家里的经济状况即使有了好转，他也依旧不停地说这说那”。将近八十岁的祖父过去是个泥水匠。祖父的哥哥是“大地主。恰逢大正时期的大米事件，趁机进入大米市场，不料最终欠债累累以至生病死亡。属于弟弟辈分的祖父娶了哥哥的老婆，继承了家业”（父亲的话）。由于各种原因，整个家庭似乎摇摇欲坠：叔叔找了女人远走高飞，堂兄也离了两次婚，诚君是生活在“所有成员都想离家出走”的环境之中。

哥哥真一比诚君大两岁，是一所美术高中的二年级学生。据他说“哥哥也很怪。他在家根本不帮爸爸做家务，还经常打我（诚君）”。

上述所示，诚君家里的每一个成员，言行举止都非常不稳定，而且家里又都只有男人。从小学起，诚君就做饭洗衣服，着手料理家务。近几年，他个人已经承担了相当比重的家务活。

照片治疗的经过

最初见到诚君，除了他刚才讲述的“症状”以外，还有一些其他的背景。诚君从三年级的五月份开始就不去上学，持续在家休息了一个多月。由于家里生病的爸爸（祖父）和病着的儿子（诚君），父亲整天“唠叨想死”，说需要住院治疗。诚君原先由一位女医师负责，他接受了各种精神医学方面的检查。下面运用相关的专业术语，介绍部分治疗的结果：

“脑电波检查结果正常。WISC法智能检查指数115（语言指数113、行动指数112）。罗夏墨迹测验[①]显示出能用‘血污不堪’形容的严重的攻击性倾向。判断为内心依赖欲望未能得到满足，人际关系障碍。”

精神科召开了关于诚君的治疗会议。在场医师一致认为，诚君的问题焦点是来源于“复杂的家庭背景”与个人“确立男性性”的课题。会议最终判断必须实施有效的心理治疗。就这样，从八月中旬起我担任了诚君的主治医师。

---

① 罗夏墨迹测验（Rorshach Test）由瑞士精神科医生、精神病学家罗夏（Hermann Rorschach）创立，著名的投射法人格测验。——译注

心理疗法的首次面试

“从这星期开始，由我负责你的治疗。”

“医生，你可不是无报酬在工作吧。你是医学博士？”

“难道你是要有头衔的医师看病吗？”

“那不是。不过，如果是一个靠不住的医生，那就麻烦了。”

“但愿我能符合你的心意。最近怎么样？”

“什么意思？”

“什么意思？你为什么来医院？”

“大便……根本拉不出。大概十天一次吧。上次是七月三十号。大便前后肛门疼得厉害。大便时浑身发冷。”

就这样，首次面试我询问了病状，家庭情况及日常生活。面试快要结束时，诚君问我：

“医生，你们为什么不让我住院治疗？”

“住院反而会受到病症的影响，让你更不容易恢复。”

“你说得这么直接啊。以前那个医生可从来不这么说。我也同意你的说法，知道了。”

第二次　签订照片治疗协议、寄托于相扑选手的理想形象

诚君慢慢地说起了症状。他依然强调便秘与排便时的疼痛。

“我们换个话题吧。你有什么兴趣爱好吗？”

“你说爱好？我可没什么幽雅的爱好。不过，也不是完全没有。我有一台照相机，平时喜欢拍一点儿照片吧。我还喜欢看电视里的相扑比赛。”

“是嘛，喜欢拍照和看相扑比赛啊。如果你愿意，把拍好的照片带来看看，怎么样？”

“带来干什么？”

“看你拍的照片，给你治疗。”

“什么？还有这种治疗方法？”

“说得更潇洒一点儿，是通过照片追随你内心深处的意象。其实，那才是我的专业。”

“把照片带来，那也可以。”

“随你自由，就拍最合心意的景色吧。”

“好，知道了。”

“你还有一个爱好是看相扑比赛，喜欢哪个选手？”

“现在喜欢北湖。”

“你说现在，那是什么意思？”

“过去喜欢琴樱。不过琴樱经常缺场。在北湖看来，他可是上了岁数的横纲[1]。”

“是吗？北湖和琴樱，不是两个类型完全相反的选手吗？”

“是啊……虽然琴樱年龄稍大了一点儿，不过你看，他也那

① 相扑运动中冠军大力士的称号。——译注

么努力拿到了横纲的最高荣誉。我喜欢绝不示弱的风格。与琴樱相比，北湖恰恰相反。他不仅年轻，还打破了不少最年轻选手的记录呢，了不起。”

就这样，我与诚君不仅签订了以照片为媒介进行心理治疗（也可称作照片疗法吧）的合约，还从交流中了解到他内心的理想男性形象。寄托于两个完全类型不同的相扑选手的男性形象，难道不正是生活中诚君本人与祖父纠葛不清的现实写照吗？我不由产生了假设。

由于个人缘故，我与诚君说好两周后再实施治疗。可是，他在约好的前一周来到了医院。我当然不在。据说恰好遇上（以前负责治疗的）女医师，他便对着她盛气凌人地大吼。

“我不要像你这种无报酬的医生治疗。快把教授叫来！”

面对男孩，女医师合理地给予指示。于是，诚君在下一周的治疗时间又回到了我这里。

第三次　带来照片、呈示“男性性”主题

“我们说好的，所以我把照片带来了。这种东西能治病吗？都不是最近拍的。不过，都是我最想拍的景色。你不是那样说的吗？”

“一共六张。我们按什么顺序看呢？”

“这是第一张。其他是按顺序放的。”

诚君把照片一张一张地递给了我。对于那些照片，他没有过

多地描述。

“这张犀牛，这张山羊，最后一张白天鹅，都是今年春天在动物园拍的。”

当看到第三、第四张照片后，我吃惊不已。那是两张在某个神社内拍摄的，造型犹如粗大强壮的男性生殖器，供拜神体的大特写照。拍得颇有意思。

“这张是三月十五号放春假时去田县神社拍的，就是久保山的那个。”

第五张照的是一个身穿白色西服、风姿飒爽的男性歌手。对此，我印象深刻。遗憾的是，本人根本不知道那个歌手的名字。

“这是谁？”

“是西乡辉彦。你连他也不知道啊。”

“你喜欢他？”

“不喜欢。他令人毛骨悚然。确切地说，应该是讨厌吧……”

如果真是讨厌，诚君就没有必要特地把那张照片带来了。对于他言行不一的举止，我颇感兴趣。看了带来的六张照片，本人大致有了以下印象。不过，我并没有告诉他任何的想法。

> “犀牛与山羊都长着尖锐的角，象征了男性性，是一种攻击性的意象表现。我边看照片边那样思考时，田县神社内造型象征着男性生殖器的供拜神体的特写照喜剧性地出现在我的眼前。诚君嘴上说不喜欢而又特地带来的歌手照片，

那英姿飒爽的外形难道不是他‘羡慕’的对象吗？意识水平上的断然拒绝，其实是强调了内心潜在的憧憬。前五张照片都呈现出‘确立男性性’的主题。最后一张是白天鹅。我们可以从《天鹅湖》联想到白天鹅是诚君内心中的阿尼玛形象（内心世界的女性形象），或者联想到童话《天鹅王子》（那确实是通过某种魔法将白天鹅变成王子的故事）的情节，‘变化’也是故事重要的主题。总之，在两个童话故事中，白天鹅最终都发生了变化，整体得到了统合。可以说，白天鹅是象征‘变化’的一种动物。”

那天，诚君说了这样一段话。

“我已经休息了一个多月了。以我现在的水平，以及家里的情况来看，进高中上学几乎不可能吧。说实话，我已经放弃升学了。学校生活也快结束了……快要去修学旅行了。说实话，我最讨厌集体活动，又考虑这又顾虑那的。最近，我正犹豫到底怎么办才好呢。”

“你实际不是很想去修学旅行？”

“是的。像我现在这种状态，怎么去啊？”

“那可说不准。你说不去修学旅行，依我看，还是持保留意见吧。希望你能参加集体活动。”

“不过，离出发没剩几天了。据说明天必须决定参加或放弃。”

“我随便你。不过，还是建议你参加旅行！”

在面谈结束前，诚君又述说了一段小插曲。他说在来医院前去了附近的一所日赤医院，顺便看望了住院的一个女生。据说那个女生得了胶原病。

“是你女朋友？”我问道。

“你说什么？我这么难看的人，可以找她作女朋友吗？”诚君回答。

“你还挺善良的。”

“……”

第四次　错综复杂的树枝、六座地藏菩萨像

诚君带来了三张照片。第一张拍摄了长满错综复杂树枝的一棵大树。整张照片以天空为背景。杂乱缠绕的树枝轮廓犹如抽象画似的映入眼帘。第二张是从右侧角度拍摄的、树根旁边摆设的地藏菩萨石像。还有一张则是从相反的左侧角度拍摄的地藏菩萨像。

“这几张照片都有什么联系吗？”我问诚君。他却说道，“我已经决定下次带什么照片来了。”据说这次照片与上次作品一样，都是在春假拍摄的。其实可以说，所有照片都是来自于诚君内心中长久以来不知不觉形成的意象宝库中的作品。在治疗过程中，照片是传递信息的媒介手段，而每一张照片又都意味着各种不同的含义。换种说法，男孩带来的照片是他个人内心意象中

隐藏着却又是无意识地“经过筛选”的作品。虽然诚君依然在意识水平上对治疗有阻抗，但是在无意识的层面上已经确确实实地传递出了信息。当看到那张错综复杂的树枝照片时，我立即直觉到男孩内心积压着众多杂乱不堪的问题。

“这张照片那么乱啊。”我深深地叹了一口气。

“烦人的修学旅行能早点儿去就早点儿去算了。家里爸爸整天嘴里唠叨想死。爷爷呢，身体一恢复健康就又到处乱跑。真不想回那个家。能找个可以随便睡觉的地方就好了……爷爷到处乱跑，爸爸整天发牢骚，哥哥在家只吃现成饭。这个家，只有我一个人又洗衣服又做家务……”

“你说什么？家务活都由你做？”

“是我做。不过，是偶尔吧……有的爸爸做。”

诚君生活在一个没有女性、周围尽是男人的现实中。面临高中入学考试的他，还得在家里忙着帮做家务活。处于“确立男性性”课题、青春期发育阶段的他，爷爷、爸爸和哥哥原本应该是最好的榜样。然而，他们却没有起到积极的作用。相反，他们都是“脱离了正常轨道”的人。

上次治疗中，诚君说到“那是我最后一次修学旅行”。于是，这次我又当面问了他。

“没弄错？你说这是最后一次修学旅行？”

“百分之九十不错吧。等高中毕业，我想进医学系学习。”

说想上医学系，可以考虑那是诚君对治疗师产生了阳性感情

（向治疗师转化的表现），或者说是他对症状治愈产生的信心。

诚君接着说道，“我又画了一幅樱花淳子的画。不过，不是看着她本人画的，都撕了。”

“你喜欢樱花淳子？”

“是的。比起山口百惠，我还是喜欢樱花淳子。可是她唱歌唱得不怎么样。朋友说樱花淳子很造作。可是，我就是喜欢她。”

“你还挺纯情的。”

“你说什么啊……”

“可不是嘛。比起山口百惠，你不是喜欢纯情派的淳子吗？”

“是啊。”

诚君自然地说出了内心的女性形象，寄托于崇拜的女歌手身上。

那么，剩下的两张地藏菩萨照片又是什么意思呢？通常，地藏菩萨是“释迦如来佛圆寂乃至弥勒佛出现期间，住于无佛的世界中，以比丘型的姿态露面，被信仰为教化救济一切众生”的菩萨。地藏菩萨中有“超度人道，脱离无量苦难，延年益寿”的延命地藏，也有“边塞河边搭救儿童”的子安地藏，等等。

我把照片中的地藏菩萨看成是民间的墓地。把错综复杂的树枝景象看作诚君内心的情结。现实中的诚君面临着纠葛不清的、众多杂乱不堪的问题。地藏菩萨照片意味着男孩开始脱离纠葛，象征着重新再生的一个转折点。如今可以认识到在诚君的无意识层面，似乎包含了地藏菩萨持有的“救济”的含义（所有的地藏菩萨像都背朝树木，像是在保护树木！）。

第五次　“爱犬”、控制冲动

诚君一走进治疗室就把一本书放在了桌上，有书套，看不见书名。于是我问他：

“在看什么？”

“《赴死的病态》。”

“是丹麦哲学家祁克果（S.A.Kierkegaard）的书吧。”

“真厉害。怎么一听就知道了啊。”

“最近在看吗？”

“前几天刚买。”

“书里写了什么？”

“我也不知道，说的尽是难懂的话题，什么社会啦，疾病啦，还有关于心理的。”

“是关于绝望的话题吧。你难道也有什么绝望的事？”

“过去有一点儿吧。对了，我把照片带来了。”

“在哪里？啊，是一只狗，家里养的吗？”

“是的。狗的小名叫Gin，全名叫Gincyame。狗爸爸叫Ginyichi，狗妈妈叫Cyame，所以那样叫它。拍这张照片，其实也没有什么特别意思……”

诚君带来的三张照片都拍摄了同一条狗，都是坐在毛毯上的正面姿势。第一张是狗露出了舌头，气喘吁吁的样子。第二张是狗闭着嘴，睁大了眼睛的样子。还有一张则是狗闭着双眼与嘴，坐着不动的姿势。在我的脑海中忽然浮现出“内心中冲动性、本性部分的控制与驯化”的主题。不过，我没有对诚君说任何的想法。

他对我说，“如果我去修学旅行，那下周来医院可以配制一点儿镇静剂吗？爸爸说，要是还需要带药，就干脆别去了。不过，我把这次的修学旅行看作恢复健康的契机。现在，这种想法更强烈了。”

随后诚君又说道，“其实，上周来医院那天是修学旅行检查身体的日子。我来这里（医院）了。”

“你已经去学校了？”

“前一周开始就慢慢去了。如果平时不去学校，到了旅行时突然出现，可太令人奇怪了。”

第六次　“藤花”开了

诚君意外地迟到了十分钟，走进治疗室。他似乎生着气，一直噘着嘴。据说他是和祖父闹了口角。

“我从学校回到家，那老头子用锁把狗紧锁着，还不给它喝水。外面下了小雨。爸爸说，快把晒着的衣服收回来。那老头就连看也不看，把淋湿的衣服一下子挂到了衣橱里。我朝着他大发脾气……"

这次带来的三张照片都是"藤花"，看起来是几个月前拍摄的作品。第一张是藤花架全景。第二张是从一个侧面的角度，在离藤花架较近的位置拍摄的。第三张则是从正下方往上拍摄的藤花景色。四角型的框架、以树干为中心形成的圆形树枝、弯曲下垂的藤花，整张照片是一幅美丽的作品。

"这张是从正下方往上的角度拍摄的吧。"

"是的。"

关于照片，我们俩只说了这些。从藤花"完整的圆形"状与四角形的框架，我不由联想到西藏秘教中的曼陀罗图形。这张照片简直犹如在凝视"肛门"。诚君说，下周外出修学旅行需要随身携带药物，还需要提交医院诊断报告和"同意旅游许可书"。我都答应了他的要求。

第七次　"天然纪念物"、大白天的亲身体验

诚君来到了医院，脸上显得有点儿疲劳。

"今天怎么了？"

"太困了。我上午去了日赤医院看了同学（同班的女生），然后又来这里就诊。"

"原来那样，辛苦了。学校的修学旅行怎么样？"

"太有意思了。终于有机会尝了那个的味道。"

"那个？"

“当然是酒啊。晚上大家都喝了葡萄酒。有同学被老师抓到。不过，我非常幸运。”

“现在的中学生都是这个样？”

“那还用说？你不知道啊。”

“与我们当时的学生生活完全不同啊。我们当时是晚上乱扔枕头，瞎捣乱……”

“医生，你那么单纯啊？”

“你是大人啰？”

“我可不是那个意思。”

“给你带去的药，吃了吗？”

“吃了两次。不过不起作用。”

“是吗？药物不起作用，那是我不好。”

此外，诚君还说了修学旅行参观的景点、住宿的宾馆、外出旅游的感想，等等。接着，他拿出了三张照片。

“这是什么？竖着的牌子上写着什么字？那是什么植物？是国家重点保护对象的流苏树？据说流苏树属于木樨科，还是第一次听到这种树名呢。照片都在哪里拍的？”

“在I市。报上刊登了那棵奇怪的树木。我和爸爸一起去那里拍的，也是在春假的时候。”

显然可以看出这些照片是“藤花”作品的延续。不用说，“国家重点保护植物”的流苏树当然是受到了保护，不会遭到任何人摧残。树冠上犹如喷泉似的纤细的花朵在初夏的凉风中摇摆。

从这张照片中，我感受到诚君内心涌现出比参加修学旅游更为喜悦的心情。也就是说，对诚君来说，过去只是远望而不可靠近的树木花朵，现在居然已经成了他个人的东西。可以说，这是一种“大白天的亲身体验”吧。难道不是诚君个人的真实体验吗？我确实能够感受到。

第八次　没有照片、沉默的时期

诚君又一次稍稍迟到了片刻。

“今天怎么了？”

“去买雨伞了。”

“最近怎么样？”

“大便？（拿出记事本，仔细地查找上面的记录）两天有一次吧。不过，大便时还有点儿疼。可能是吃得太多吧。”

“照片呢？”

“照片应该冲洗好了。不过今天店里休息，所以没带来。那都是修学旅行时拍的。”

“那，这次拍了很多？”

“估计有两胶卷吧。我没有足够的钱，只是把给医生的几张冲印了出来。”

“没问题。我给你钱，去冲印吧。”

“有医生替患者付钱的吗？”（他显得很害羞，红了脸）

“这次拍了什么？”

“各种各样。下周学校考试，我下下周再来医院吧。”

“没问题。”

可以说这次诚君没有带来照片是一种偶然。然而，那也可以看作是一个必然的结果。当男孩内心的意象达到了某个顶点时，即使出现沉默，也并非有任何的不可思议。

第九次　“东照公遗训”、认识到等待的重要性

“期中考试结束了。因为休息的时间太长，成绩不好，没办法了。”

“身体怎么样？”

“大便畅通了。不过，还是有点儿疼。前两天，我为了学校兴趣小组的经费问题，收集废品太卖力了，有点儿累……保健室的阿姨说，如果整天胡思乱想也会引起肚子疼。”

这次，诚君只带来了一张照片，而且是黑白的。（至今为止，除了神社内喜剧性的两张、错综复杂的树枝和六座地藏菩萨像是黑白照以外，其余的都是彩色照。）

我仔细看了照片，像是在观光景点买的一张挂轴。上面写道：

“东照公遗训：人之一生，如负重远行，切忌急躁。常思坎坷，则无不足。心有奢望，宜思穷困。忍耐乃长久无事

之基。愤怒是敌，骄傲害身。责己宽人，自强不息。——庆长九年正月十五日家康”

挂轴上的话语都是极其现实的、大人们的语句。那是弗洛伊德理论中肛门性格类型①的人的语言吧，况且又都是出自男性之口。结合诚君的治疗现状，以及我与他交流的情况来看，他渐渐不把疾病看作是一种病态，也认识到了忍耐等待的重要性。可以清楚地看见挂轴表面文字的背景，是透过庄严的阳明门、象征着男性生殖器高高耸立的五重塔。

第十次　确立男性性与安定化

由于前一位患者治疗时间的延长，我让诚君等了二十多分钟。当叫到他的名字时，手里拿着书本的诚君走了进来，嘴里说着“在学习呢”。他的脸色不错。

“今天脸色不错啊。”

“我每次脸色都是不错的。”

“你刚来医院的时候，脸色很差啊。”

“是吗？对了，照片带来了。这些都是医生（你）出的钱。”

① 弗洛伊德理论中，肛门性格分为两类。肛门保护型人表现为整洁、小气、做事有条理；另一类肛门驱逐型人则表现为不整洁、大方、做事缺乏条理。——译注

“那么多啊！你在说哪张？上野公园里的西乡隆盛铜像，皇居前的大楠公像，这张呢？”

“是日光阴阳门上的狮子像。”

“这张是五重塔。一大早就有点儿烟雾啊……下一张呢？”

“是日光杉，在日光街道拍的。”

“照的都是高耸入云的景象嘛。”

“是吗？”

“这是男体山。这是什么？谁拍的？是四号高速公路的路牌嘛。”

“是啊。”

“这是华严瀑布，拍得很不错。”

“那得看我这个摄影师的技术水平嘛。”

“难道不是照相机拍的？”

“那怎么可能呢。”

“一个中学生的摄影作品，了不起。这是中禅寺湖？”

“是的。夕阳湖畔的美景……”

“换个话题吧。怎么样，最近？”

“这个星期大便有了三次，排便时也不疼了。以前肚子疼得厉害，现在也好多了。”

“那听起来不错。”

“日赤医院的女孩已经出院，来学校了。”

“最近爷爷怎么样？”

“要是还和他吵架，那个家早就倒塌了……还是整天悠闲地到处乱逛。”

“爸爸呢？”

“去公司上班了。他不会有什么变化。”

“你本人变化可不小啊。”

“我始终认为自己会好起来的。”

“学校怎么样？”

“是以后的高中？病好了，还是想上高中啊。今后不上医学系，我决定学土木工程专业了。这些天，我的食欲大增。大家都在乱叫，‘你这家伙是真有病吗？’一大早，我就吃了一大碗饭……”

塔和杉树等“高耸之物”都是强壮男性的意象表现。那些照片是诚君首次显示出确立“男性性”课题的象征性表现。“东照公遗训”中的语句似乎也在照片中隐隐约约地流露了出来。

瀑布的出现是情绪稳定的“预兆”。诚君内心被抑制了很久，找不到出口的愤怒之情犹如汹涌的瀑布直下而流。四处飞溅的水花最终无声地流向地面，得以平静。我感到诚君排便时的疼痛也会即将消失（事实也是如此）。过去的“狗”是紧挨着西乡隆盛的位置。然而，男性象征的楠公和西乡，如今也许只是铜像般的存在吧。中禅寺湖畔的夜景照是意味着一幕告终的最合适的意象插图。山的一边冒出了白云。诚君的未来像是白云，一个未知的世界。湖畔的水面平静自如。高速公路四号线的指示牌也许是过去神社内喜剧性道具的痕迹，又可能是象征着引导诚君人生的一个里程碑。从诚君的话语、对现实状况的认识，可以察觉到他已经找到了一个前进的方向。

第十一次

“考试成绩怎么样？”

“太差了。要是有吃了会变聪明的药，那就给我来一点儿吧。从星期天起，我每天都有了大便，排便也不疼了。我已经随爷爷想怎么样就怎么样了。最近我只要外出晚回家一会儿，爸爸就很担心似的。”

“爸爸对你真好。”

“那，我可不知道。”

第十二次　最后一次治疗

“我上个星期感冒，没去学校，大便多得厉害，排便不疼了。照片拍了，不过没带来。我今天是打算结束治疗来医院的，身体已经好了。奇怪，我怎么会好了呢？”

“那有各种各样的理由。不过，最终还是你自己治好的啊。”

“那倒也是。”

“最近在做些什么？”

“没什么特别的事。”

“高中呢？”

“已经决定想报考的学校了。”

“将来想做什么？”

“我可没考虑得那么远。不过，过不了目前的高中入学考试，可不行吧。”

“爷爷呢？”

“他没死，还活着，眼睛好，走起路来很快。”

“爸爸呢？”

“最近感冒。”

“那你得好好照顾爸爸啊。”

“知道。”

这天，诚君个人要求结束整个治疗。最后，我试着采用“风景构成法（中井）”。这是可以对判断治疗过程和预后情况有很好作用的一种心理测试法。诚君虽然嘴里嘀咕不停，不过双手依然在画画。他边说边画，表情丰富，没有感到枯燥。相反，他看起来很快乐的样子。

“河上架着一座桥。人们在道路上行走。大树下有个男孩注视着全景。他身穿一件印有‘男’字的上衣。远处有一个牧场。左边的远方是建有高楼的街道。”

诚君边给绘画作品上色边说道，“我治疗结束后，一定还有谁等着治疗吧。是大人还是小孩呢？是小孩，我就马上结束。要是大人的话，就让他多等一会儿……等待，也需要精神上的忍耐嘛。”

四个月前还等不及女医师的诊断，大喊大叫“精神科医生，你们给我快一点儿”（挂号处女性的话。顺便提一句，也许是那位女性亲近和蔼的性格，诚君无意中将她视为母亲，主动与她交流，时而撒撒娇）的诚君，与那时相比，显然可以看到他正从孩子踏入青春期，作为一个“男人”，在渐渐地长大。

日后谈

〈一〉大约过了三个月。诚君带着一盒点心来到我这里，说是考上了县立的一所高中。他神清气爽，脸上露出了喜悦的笑容。

〈二〉又过了两年。诚君再次患疑病症来到医院。养护学校给我打来电话，说这回是由“高血压”引起的。随后，本人用书信转告了个人的想法。过了不久，不巧父亲骨折而住院治疗。由于照料父亲与忙碌众多的家务活，导致诚君疲劳不堪，以至出现一时性的精神病症状，“幼儿化倾向”相当严重。当时，他要求女医师N用调羹一口一口喂他吃饭，让我给他擦身洗澡。经过女医师将近三个多月竭尽全力的治疗与我扮演的父亲角色，通过体验“三人关系”，诚君出色地恢复了健康。这次，他真正稳重地站立起来，回到了现实社会中。

〈三〉又过了近一年。诚君突然身穿西服来到医院。据说在服装干洗店工作。他说：“再努力奋斗三四年，就有希望经营一家自己的店铺了。到时候，一定去饭店好好招待两位医生。”满面笑容的诚君露出了一口洁白的牙齿，令我印象深刻。

青春期的危机

阅读了本章中的个案，必定有读者会意识到它与其他章节（除第四章外）有所不同。首先，是患者年龄差异而带来的不同。至此为止的儿童患者都是七岁至十一岁的小学生。然而，我们的诚君却是一个中学生。在与他的交流中，出现了生长发育带来的微妙变化。虽然笼统地说他是少年，不过到了诚君的年龄，也就到了通常所说的“前青春期”“青春期”阶段，即使只有两三年的年龄差异，实际上也内涵了许多与其他年龄阶段的显著差异。

处于“前青春期”“青春期”阶段的孩子出现了朦胧的性意识，对性产生了憧憬。当然，他们也必定会有逆向的心理，即对性的禁欲。孩子伴随快速地生长发育，渐渐偷看起成人的世界。理性的成长带来了哲学性的思维，对探索宇宙产生了浓厚的兴趣。他们会意识到与周围朋友团结合作的重要性。同时，他们也可能对孤独产生向往。孩子体验着从未体验过的特有的经历。他们的人格渐渐变得复杂，个人世界也在不断地扩大。因此，至此以父母家庭为中心的生活方式也立即区分为外部与内部两个不同的世界。他们持有现实客观视点的同时，也有来自抽象内涵立场的思考。他们会指责长久以来严格管束自己的父母，也渐渐远离父母。

经历上述各层面的众多变化，处于青春期的孩子无论是在精神或者肢体上都将出现不稳定的状态，开始面临“青春期危机”。回到我们的个案。诚君生活在一个没有母亲的家庭。虽然粗略一看似乎也并不是非常恶劣的环境。但是，往往里面包含着非常“荒唐”的危机。

最早引入“青春期危机”概念的是德国精神病学家克瑞奇米尔（Kretschmer）。据克瑞奇米尔所述，青春期肢体的发育，特别是体内荷尔蒙的大量分泌，会引起心理上的不平衡和不稳定。此外，根据以医学角度为人类学奠基的德国科学家冯·瓦尔茨赛克（Von Weizsacker）所述，个体与环境之间联系密切，具有一贯性和持续性，当这种联系中断了，个体内心就会变得不安定。在精神医学领域，通常临床上称为“青春期危机”的现象是指在个人的感情层面上对某个经历严重丧失了平衡状态，显示出极端的异常反应，或是出现各种神经症症状的现象。无论是谁，经历过青春期的所有人，都不同程度地体验过“青春期危机”。因此，通常也把那个阶段看作是“疾风怒浪”的时期。

我们的诚君，五岁时母亲离家出走。可以想象，从那以后他的感情生活就到了非忍耐不可的地步。从精神分析的观点解释，即男孩在肛门期没有形成稳定的情绪，积压过多的愤怒与自虐，最终导致了影响肢体的结果。时常腹痛、排便时疼痛给诚君带来了极大的烦恼。所有的症状也犹如肢体在诉说。

诚君当初必定从心底爆发出一种狠狠地想破坏东西的冲动。然而，也正是幼儿时期形成的强硬的防卫盔甲将强烈的冲动紧紧地锁住而始终不放。

与诚君相反，也有过分的娇生惯养，不注意精神上的自我成长而只是注重肢体发育的个案。某个受到溺爱的少年将所有的能量都喷向外界（诚君的能量是影响了他个人的肢体）。那样，最容易受到攻击的则是儿童的母亲，即“家庭暴力”。母亲变成殴打攻击的对象。严重的暴力不仅限于母亲身上两三处的受伤，甚至会达到伤痕累累的地步。

孩子的攻击即使不会达到某种强烈的程度，也可能会出现摧残周围物品或者欺负动物之类的举动。可以考虑那些举动都是他们为了脱离“青春期危机”而拼死战斗的结果。曾经一时的学生运动，也是年轻人早熟的理性带来的思想上的前卫与内心未分化的、强烈的能量所爆发出来的产物。在日本，二十世纪七十年代的学生运动，最终导致了年轻人体力衰弱、缺乏魄力、对周围事物毫无兴趣的结局。如今，这些现象在年龄仅差三四岁的青春期孩子中也时有出现。可以说，如今的社会已经逐步踏入了从“家庭暴力”转变成更为严重深刻的“自我闭锁”时代。

少年时期的自杀与脱轨行为

诚君由于肢体的疼痛产生了悲观心态，以至企图自杀。众所周知，类似青春期孩子自杀的案例并不少见。不过，处于青春期前的少年阶段，自杀情况也有发生。最近报上刊登了一条年仅九岁少年自杀的消息。通常，十岁以下儿童的自杀行为很少见。过了十岁却会急剧增加。我也认识一个年仅十一岁，试图从大楼往下跳的少女（幸好没有轻生）。出现那种举动是她始终没有跟母亲面对面互相交流导致的结果。也许是女孩的早熟，她和周围的朋友也交流甚少。原本孤独内向的她，当家中重建楼房后被安排在两层楼的一个单人房间。于是，女孩就变得更加孤寡无言。有微弱抑郁情绪的她，因此接受了“死亡”的引诱。

不久前出版的诗集《我十二岁》的作者是一个名叫冈真史的男孩。十二岁零九个月的他，也是选择了死亡的道路。

阅读男孩遗留下的笔记本中书写的诗集和个人的生活史，并没有发现他在精神上有任何的异常。不过，可以看出男孩面临内心自我同一性的纠葛（确认自我存在的烦恼）。那也可以说是一个知识型家庭的陷阱。

处于青春期的孩子，通常有非常细腻的感觉。即使周围看来不显眼的琐碎之事，他们也都特别在意，会始终烦恼，并且容易受伤。尤其在思想上早熟的孩子，就更容易出现这种倾向。

要想阻止孩子出现自杀的行为，最关键是设法让他们结交无话不说、志同道合的同性朋友。当然，有的孩子已经结交了异性的朋友。那个年龄段是非常浪漫的时期，即通常所说的陷入了朦胧的恋爱阶段。与同性朋友相比，结交异性朋友的孩子相反更容易出现内心的不稳定，以及焦虑不安的情绪。因此，结交同性朋友具有特别重要的意义。正如美国精神医学专家苏利文（H.S.Sullivan）指出的，结交朋友是处于青春期的孩子最为重要的事情之一。

讲述了孩子结交朋友的重要性，也想顺便提及另外一个重要的话题。那是有关年龄在七八岁，比青春期孩子年龄较小的儿童的交友问题。比如，周围始终没有任何朋友的孩子，好不容易结交到唯一的一个朋友，然而那个朋友恰巧是班中被大家遗弃或是带有偷窃等不良习惯的孩子（经常会遇到那种情况）。通常那时，母亲则希望自己的孩子不要接近那个朋友或者尽量避开他。我认为，家长必须小心谨慎地处理儿童的交友问题。两个孩子正是相互间都存在着孤独内向的一面，所以志同道合地成了朋友。儿童们首次的经历往往可以作为契机，也许今后孩子会结交到更多的朋友。同样，对于那个朋友来说，也是由于结交了好朋友，于是避开及脱离了个人的偷窃举动，恢复到了往常的状态。因此，在那种情况下结交的朋友，通常可以起到互相治疗的作用。

“我孩子好不容易结识了一个朋友，可是没想到是那样的孩子。真令人头疼。该怎么办才好呢？”对于母亲的疑问，我会这样回答。

> “对于您的孩子来说，那是第一个也是唯一的一个朋友啊。能够结交到朋友，实际上也意味着他得到了最宝贵的东西。你们说那给孩子带来负面的影响，相反，其实是他本人得到的东西更多啊。”

母亲极其自然地指示孩子离开个人眼中的坏孩子。但是，孩子是通过自身的力量结交了朋友。我认为，无论是一棵什么样的萌芽，自立的萌芽都应该得到精心地照料。

孩子生长发育到了青春期，首次尝试起从未体验过的经历。然而，部分孩子却是真正走入了不良团体。不良团体中的孩子往往内心充满了诸多的欲求不满。他们介于团体的力量形成了组织，走上盗窃的歧途。孩子踏入不良团体，是家长与他们之间没有取得沟通的结果。他们中有许多父母是毫不关心孩子在思考什么，或者是并不注意孩子经常在做什么。当然，过多的干涉也会阻碍孩子的自立成长。父母与孩子之间保持沟通交流，这个环节相当重要。

此外，对于青春期的孩子，特别是男孩，母亲们会出现以下的烦恼。

“医生，我们家孩子刚升入中学，还始终认为他是一个中学生，没想到打开他的抽屉后大吃一惊。不知道他在哪里买到了成人杂志，里面尽是特大的女性裸体照。该怎么办才好啊？”

听了母亲的疑问，我常会这样回答。

“作为母亲，您可不能不声不响地打开儿子的抽屉啊。孩子已经是中学生，进入了青春期，对性产生兴趣也是很自然的事。过一段时间他会自然地学会自我控制。处于青春期的孩子具有强烈的好奇心。他们会把个人的秘密如宝贝似地保存完好。作为父母，保守孩子的秘密才是最为重要的。秘密得到了保护，孩子的内心今后才不会留下任何的阴影。今后，当他学会尊重保护别人的秘密时，那您的孩子就已经长大成人了。”

大部分的母亲对于我的回答显得不太理解。不知为何，往往持有“我们家的孩子发育得晚，还不可能对性产生兴趣”想法的父母，他们的孩子反而会有上述的行为。青春期的孩子容易获取关于性的问题的不当信息，也会有强烈的罪恶感。家长在某种程度上可以任其自然地发展。通常，孩子们会自然地学会自我控制。

处于青春期的少女，月经来潮。与男孩相比，她们会更加直接地与性接触。如今的孩子，在学校里都接受性教育。岛崎藤村作品中少女的困惑，现在也已经不存在了。相反，经历初潮而不慌不忙的女孩更多。家庭中如何处理孩子的性问题，相当关键。夫妻关系不融洽，对性感到厌恶，持有偏见的母亲会用厌烦的目光意识或无意识地看待女儿初潮的来临。对于母亲微妙的内心变化，少女的情绪会受到影响。即便不是来自内心的祝福，让少女们用稳定的态度去迎接“作为长大成人的标记”的初潮，对于她们将来的成长也会起到关键的作用。

无论父母在性方面过于放纵或是过于严谨，他们的孩子都会出现性脱轨的行为。正如刚才所述，家长对于孩子结交朋友过于严谨是禁止之物。而孩子过于妖艳的服饰、太晚回家，家长当然需要适当地限制。但是，无论怎么说，父母必须首先检查自己的态度，是否完全认可孩子的人格。只有在真正意义上认可并且尊重（顺便提一句，溺爱会带来完全相反的结果）孩子的人格，那些家庭中的孩子是不会出现脱轨行为的。

第八章

在通信中发现自己

（通信茧子 十五岁）

去不了学校

见到茧子时，她十五岁，娃娃头、圆圆的脸，举止大方，略微低着头，说话语气稳重的姿态令我印象深刻。红色连衣裙的裙边带有橘黄色的花边。粉红色外套的衣领干净又整洁。搭配着白色长筒袜，黑漆色的皮鞋。与其说茧子是中学生，不如说她更像一个高中生。对于我的提问，她回答得简明扼要，不含丝毫吞吞吐吐。虽然茧子的脸上露出淡漠的表情，但是表达出的话语并不生硬。所有的举止都显得极其自然。

茧子之所以来医院就诊，是“半年没去上学”的缘故。她事先去了多家儿童心理咨询所和好几家医院。据说她过去曾经患有自律神经失调，经历过住院治疗。

茧子的母亲大致诉说了女孩的生活史。

茧子比预产期提早两星期出生，体重三公斤，早熟，不过她吃奶的精力旺盛，十分健康。虽然她八个月大时就开始断奶，但是对她的母乳喂养依然持续了一年多。因为父亲调动工作，全家搬家，一岁三个月的茧子不愿意下地行走。当时每个月都去保健站，五个月后终于摇摇摆摆走起路来。据说周围的人都对母亲说，“一直抱着她，孩子肌肉发育会迟缓。”只要家里来了陌生人，茧子就会磨磨蹭蹭，“害怕陌生人”。母亲外出购物也是经常背着女儿。不过，母亲说茧子很早就不用尿布了，是一个不声不响的孩子。

茧子五岁三个月的时候，全家又搬了家。女孩上了一年的幼儿园。起初一切都很顺利。可是到了哥哥小学放暑假的时候，她就流露出羡慕不已的神情，嘴里还说“哥哥真幸福啊”。进入小学后，茧子也没有出现厌学的现象。由于她在六年的小学生活中没有结交到周围的朋友，这一点似乎时常被班主任指出。

到了中学，茧子患上感冒就渐渐不去学校了。快要升入三年级的三月里，家里重建楼房，再一次的搬家让茧子换了学校。新学期刚开学的某一天，茧子与新结识的同班同学为了募集学校活动的资金积极地对家人说这说那。她还特地准备了班里成员的点名册。可是活动当天一早她就呕吐难受，所以也就去不了学校。于是从那天起，茧子就拖拖拉拉地不去学校了。

茧子的父亲性格内向，忠厚老实，是一名公司职员。据说女儿的性格像父亲。茧子说“爸爸做事认真仔细，小心谨慎，非常老实。他对孩子十分严格，是一个值得尊敬的人。”

母亲是护士。从茧子小学二年级起，母亲就在离家不远的医院工作。

托带信件

茧子说，“除了不去学校、不出家门以外，我很普通。不觉得自己是病人。到了周末，我也许能去上学。不过一到周一，我就怎么也去不了了。我相信我个人有能力，应该可以解决上学的问题。但是，如果现在的状态是一种病症，那我就去医院看看。”开始治疗后，茧子前三次都来到了医院。可是从第四次开始，她就如蚕茧似的躲藏在家中怎么也不出门了。

我对茧子的母亲说，“如果只是给您做心理咨询也没问题。”并且委托母亲把一封信件转交给茧子。那是因为我想起过去茧子说过，她个人爱好写信与作诗。

〈我的去信〉　治疗目的

上星期与这星期，连续两星期你都没来医院，只是妈妈来了我这里。今天妈妈说了你的情况，你换好了衣服，眼看就要出门，结果还是与去不了学校一样，最终待在了家里。作为我个人，还是与以前一样，不准备多管闲事。不过虽然那么说，也并不是袖手旁观。信纸上潦草的字迹也许很难看清楚，但是还是决定写信给你。从你来医院的目的考虑，我的职责是帮助你能够像往常一样回到学校。如果说我内心的职责，并不只是考虑让你回到学校而已。现在，你被一种无形的压力所逼迫着。而那种压力连你自己也都说不清楚，所以你总觉得去不了学校。你完全能够战胜那种阴影，回到原来的“自我”。目前对我来说，最为重要的是与你保持心与心的交流，相互间形成真正的信赖关系。即使来不了医院，你也能与我暂时保持书信联系吗？不过，还是希望你努力来医院，我们面对面地交流。当然，我也尽量尊重你个人的意见。如果你来不了医院，那也有来不了医院的交流方式。不用说，当然是在不影响你个人的前提下。假如方便，你可以给我写一些你曾经提到的喜欢的诗歌吗？或者说说日常生活中的言行、脑海中思考的问题、担心的事情等。阅读来信后，我尽可能地给予你回复。外面突然变冷了。请注意身体。敬启11月25日

——第二周，母亲带来了茧子的来信。

〈茧子的来信〉　很难去医院

去不了医院，我心里感到内疚，实在对不起。和上学一样，上周与前一周都连着没去，随后就很难出家门了……说实话，前几次去医院就诊真是没办法。太讨厌了。即使不去神经科治疗，我想通过自身的力量也能够恢复。我现在依然有自信。那也并不是看不起神经科的医师。请不要误会。12月2日

——茧子的来信确实写得简明扼要。以下记述她与我通信交往的过程。

〈我的去信〉　请封好信封！

谢谢来信。写得真不错。正如信中所说，来医院也好去学校也罢，对你来说，在某种意义上都必须面临“难以外出”的困境。我非常理解你的心情。讨厌来精神科就诊也是非常正常的事。没有人是高高兴兴，盼望着来精神科看病的。“上医院就诊”，本身就是一件难受的事。我不忽略你的意见。让妈妈当邮递员，实在抱歉。也许，我们近阶段只能类似现在的交流。不过即使那样，你也总能够给予我回复，我很高兴。有件事想告诉你：你的来信没有封口。无封口的信件只能看作是允许任何人随意阅读的东西，而不是一封私信。信，属于私人物品，必须有封口。不过，对于我这里的书信都要留下复印，也许你会感到不公平吧。我会对自己的言行负责。（在此也只能说声抱歉。通常我要治疗许多患者。除了来医院面谈，即使与你一对一交流，如果不复印信件，也很可能难以保证治疗过程的“连贯性”。）最近做些什么呢？如果有感兴趣的事，请不要忘记告诉我。我尊重你个人的意见。等你恢复健康，依然希望你通过自身的力量去完成任何事情。祝健康。12月2日

〈茧子的来信〉　担心上课的事

今天又去不了医院。虽然妈妈代替了我，可是总觉得自己不出门不太好。我想，无论如何年内也要去学校上课。只是现在我

到周六才感到似乎“能去上课”。周六学校只有半天。半天也意味着不用接触许多人。我最担心上课的事。不过，我在家也没好好学习。这次文章有点儿短，就写到这里吧。再见。12月9日

〈我的去信〉　三个“不”字

谢谢来信。从字里行间可以感受到你的内心世界。你说“如果年内可以出门……”，应该珍惜这种想法。但是，即使一个劲儿地那样想，也许相反会更加难以出门吧。嘴上说不用着急，但不急又无论如何也放不下心。希望你能做到三个“不”字，即“不焦急、不慌张、不放弃”。

如果让我直率地说，比起书信，依然希望你能够来医院。不过，即使用书写能与你保持联系，那也很重要。祝你健康。12月16日

〈茧子的来信〉　找不到契机

快要考高中了。最近我的情绪似乎渐渐稳定起来，可以说是变得沉着冷静吧。我打算在学习方面加把劲儿，只是现在找不到去学校的契机。第三学期开学是上学的大契机。没有契机，就不想去学校。

前些天和朋友外出逛街了。我们边吃饭边闲聊。比如，讨论个人是否幸福，是否幸运等话题。为什么要说那些呢？因为那个朋友真是一个特别善良的人。从去不了学校起的前一两个月内，

她几乎每天都来叫我一起去学校。但是，我还是去不了。实在对不起。那个朋友鼓励我，“你一定行！”得到了朋友的支持，真的内心感到特别温暖。

人，一个活着的人，应该相信他人。同时，也必须得到他人的信任。我觉得如果人失去了信任，就等于失去了原本生存的价值。我感到自己渐渐失去了被信任的感觉。即使相信他人，也得不到对方的信任了。与周围朋友、老师、家人说好“明天去学校”，但是到了第二天，我就怎么也去不了。反复几次，对他们来说那些话已经是谎话。不过，我也并不是讨厌现在的自己。2月10日

〈茧子的来信〉 无色的生活、蓝色的时间

不知道信的开头如何是好，因此变成了这样的文章。

和山中医生认识四个多月了，直接见面却仅有几次。一共是四次？最近始终在思考四个月中我是否有进展？虽然变化用肉眼看不见，但是，相信这段时间也一定对自己有所帮助。

简单说说我的生活情况吧。闹钟始终调整到早上七点。每到那个时间我必定睁开眼睛。即使醒来，我也起不了床。那可是我最大的缺点！随后，我就立刻打开放在枕头底下的收音机，当然是睡在被窝里的状态……我边听收音机里传来的广播边思考各种问题，要持续两个多小时。所以从九点起，我才真正开始了无色的一天。不知为何，我总喜欢用颜色来描述人或周围的事物。

现在，几乎每天都接近于无色！不过，还有一点儿蓝色。只是唯一一点儿而已。一天二十四个小时中有一两个小时在房间里听喜欢的音乐，那就是蓝色的时间。最近喜欢听名叫“Moody Blues”的外国摇滚乐队的演奏。大脑放空，专心致志地倾听音乐，简直陷入了美妙音乐的旋涡。太棒了。

拥有蓝色的时间，真的很幸福。除此以外，我在家帮妈妈做些家务活，还做一些个人喜欢的事，近来的兴趣是听唱片吧。有时朋友来我家，我就和他们一起玩儿。那段时间也很幸福，是最幸福吧。我们闲聊各种话题，比如谈谈人生，有时也唱唱歌。那段时间是什么颜色呢？很难说。反正不是玫瑰色！

通常，晚上如果有想写的内容，我就记日记。我边听广播边看书，然后睡觉。最近在看夏目漱石的小说《心》。对于我来说，那本书太有趣了！恰好符合现在的自己的口味。有意思。医生，你似乎很忙。请保重身体。我也为自己加油。2月17日

〈我的去信〉　首次提及内心世界

读了今天的来信，我感到特别高兴。为什么呢？因为信中第一次提到内心的世界。你非常诗意地用颜色描述“各种事物”。然而，平时却是一种无色的状态……那可是不乐观的现实。

对你来说，“蓝色”是最美丽的颜色吗？是沉着冷静、和平的意思吗？与以前说好那样，我当然不会把信的内容告诉你的母亲。听说你喜欢黄色或红色的衣服。那两种颜色，对你来说又是

什么样的时间呢?

今天，我告诉你的母亲，因为她太“拼命努力”，所以也许你暗暗在担忧受不了妈妈的事。

关于这个，先说到这里。你在阅读夏目漱石的小说《心》?今后说说读后感吧。

我确实工作很忙。最近感到整天忙忙碌碌，其实也并非一件好事。人在忙碌不停中往往容易遗忘，也会丧失自我。我恰好与你像是处于相反的位置。我们如此通信式的交流也可以说是一种缘分吧。2月17日

〈茧子的来信〉　犹如宝石般的一年、我的道路

已经到了三月，时间过得太快了。我还以为只是刚迎接了四月的新学期，眼看就要毕业了。处于现在的状态，所以我觉得今年时间过得特别快。再过十一天就是毕业典礼了。怎么说我也会感到寂寞，原本我也能够毕业。只是现在，即使这么说也没有任何意义了……

前几天接到中学同学打来的电话。已经很久没有听到他们的声音了。同学们鼓励我，“新的一年加油努力吧。”我也意识到今后一年犹如宝石般的珍贵，打算好好珍惜时间。医生，你也说过，因为那是我自己的道路啊。

有一首外国歌曲名叫《My Way》，歌中那样唱道：“走一条自己最想走的道路……”歌词写得太棒了。

《My Way》，一个特别响亮的名字。3月2日

〈茧子的来信〉　平凡是无聊

你好。听说医生上周患了感冒，最近身体怎么样？医生有点儿不随潮流。一月份是流感高峰期，我患了感冒。当时没感冒简直就像落了伍。如今已经过时了。不过，现在周围依然有许多人感冒。与众人一样，太无聊了。没意思。平凡即无聊！我希望人生平凡。但是，作为一个人，就不能太平凡！

说个别的话题。我是五月出生的“双子座”。按占星术的观点来看，双子座的人似乎都充满了矛盾的性格，所以也容易被看作是双重性格。我就是那种性格。在以前的中学和现在的学校，同学们都那样说我，而且说了好几次。有时我似乎觉得也有点儿对。但是，常说双重性格的人是理性思维出众的象征。显然不对吧。那样的话，听了不是很高兴吗？

至今为止，我通常晚上说“明天去学校”，可是第二天一早，就变得一言不发了。家人问“你又不去学校了？”我什么也不想回答。看到我如此的模样，朋友们都说“吃了一惊”，说我简直是判若两人。通常早晨空气清新，令人心情舒畅，我却感到内心沉重。即使去了学校，也有那种沉重感。

医生，你是什么星座？说来听听吧。占星术说得很准。比如，我个人的情绪就经常会发生变化。以前曾经把房间布置得干净漂亮。桌子上放了花瓶，里面插了些人造花。房门上又粘贴一

些花纸。把整个环境装饰得更像女孩的房间。但是没过多久，我就对那种环境感到不满意了。房间里乱七八糟，堆满了书和衣服。墙上贴了女电影明星奥丽维亚·赫西（Olivia Hussey）的照片和外国明星的裸体海报，还有科幻电影的海报。整个房间弄得像男孩的天地。现在的房间就是那个样子。我喜欢海外明星。例如Steve Mc Queen、Nathalie Delon等。如果有钱，就去买他们的唱片和海报。我最讨厌普普通通的房间。我想今后布置一个具有个人特色的空间。3月9日

〈我的去信〉　虫茧时期

真是糟糕啊，我确实患了过时的感冒。不过我知道，即使过时，也有过时的好处啊。我患上感冒，病菌很顽固，很难治愈。今天，我的鼻子又是呼哧呼哧的。

你是双子座吗？我不太了解占星术，据说我是天瓶座。你早晚状态截然不同，简直判若两人，确实是个人的独特之处啊。这种基本规律的变化意味着“个人必须做某事”。要想明确解释你在家中不出门的理由，比较困难。小鸟在离开鸟巢飞向天空之前，始终在鸟巢内一动不动。蝴蝶在成虫之前必须经过蛹的过程，就像蚕茧中的蛹一样。我认为，你现在待在家中是一个极其重要的时期。

你讨厌平凡，我很理解。然而，即使整天非凡不已，也是一件非常难受的事啊。平凡中寻找非凡，非凡中看到平凡。如果能

够做到那一点就无话可说了。对于平凡的我来说，那却是一件难以办到的事。3月9日

〈茧子的来信〉 盼望出生时是男孩

好不容易的黄金周，外面天气阴暗，令人讨厌吧。不过，我没有外出的计划，所以与我毫无关系……对于每天上班上学的人来说，像这样的长假必定很高兴吧。始终待在家里的我，即使盼望已久的休假来了，也不会感到特别高兴。

换个话题吧。昨天我陪朋友出去逛街购物了。我们两人都感到很饿，随便吃了点儿东西。结果一个人竟然吃了近一千六百日元的食品！品尝了美味可口的佳肴，真是太幸福了。我和朋友边吃边闲聊，都是以我们的年龄来看大人们的话题。平时我们也互相询问，讨论那种话题。比如“何谓幸福”“如果出生时自己是男孩就好了”，等等。

我认为，任何人都拥有大小不同的幸福，不应该轻率地说想个人要得到幸福。不过，我也说不上幸福的具体内容，因为才只有十五年的人生经历啊……

我还和朋友说，“如果出生时是男孩就好了”。朋友觉得自己是“女孩”好。从小学四五年级起，我就始终想自己出生时应该是男孩，总觉得男孩拥有无限的自由。也许只有男性是真正地在享受自由吧。我不是男性，当然也说不上什么。5月4日

小小的风波

至此为止，上文记录了茧子与我通信交流的部分内容。在此我打算略微停笔，因为现实生活中发生了纠纷。由于本人隔天突然在工作上得到特别指示，于是立即给茧子家里打了电话。然而没想到，由于弄错了对方的电话号码，所以没有联络上她。因此，她的母亲与往常一样来到了医院。据说，她也没能得到我的留言，不得已地匆匆离开了医院。在下一封茧子的信件中可以清楚地看到，即使类似的书信交流（也许这种形式更容易）也会出现“阳性转移现象（治疗过程中患者无意间对治疗师产生移情）”。据说，“没有得到回信”的茧子萌发了被忽视拒绝的想法。以下继续记录信件内容。

〈茧子的来信〉　希望消失了！

上周的信，您看了吗？也没写什么特别的事。今天也没有特别的事。所有希望都已经消失了！不知道为何，总有那种感觉。父母也似乎放弃了我。我真的犹如失去了未来。即使与去年一样休息在家，我也感到有所不同。不过，原本就不可能有完全相同的事情……

快给我治疗！快治疗！傻瓜！傻瓜！傻瓜！……头部充血。我找不到自己。我一无所有。就写到这里。5月11日

〈我的去信〉 微弱的灯光

上周实在抱歉。在此我不想狡辩（即使那么说也想写几句）是电话号码中“6”与“0”记错的缘故。今天问了你母亲，她说其中一个数字不是“6”，应该是“0”。

我连续打了四次电话，心想你一定在家。第三次几乎尝试了近十分多钟。不过现在回想起来，错误的电话号码即使再打，也是不可能接通的啊。

上周信中你提到“出生时希望自己是男孩”。其实，我很早就意识到你的内心有那种想法。“如果是男性该多自由啊”。忽然间，眼前浮现出你脑海中幻想的自由形象。确实可以说，现实社会中女性的地位有所提高，不过依然是男性的社会。也许对女性来说许多场合会有不利。但是，女性应该也有女性自己拥有的东西。那是作为女性的一种幸福（并不是通常所说的有关女性的话题）。我不想在此说教。至于女性是否真正拥有自己的幸福，我也不清楚。所以就说这些吧。

我认为，内心想成为男性的想法正是你现在所处状态的原因所在。关于这一点，如果今后有机会，我想与你好好聊聊。

通过连续几次交流，我能够理解你的心情。与其说在此给你一个安慰，还不如说我们来个约法三章。无论何等绝望至极，也千万不要选择“肉体的死亡”，断然禁止自杀。虽然没有与你见面也许说不准，但是能够猜测你内心的愤怒。在寻找到所谓真正的生存价值之前，也许现在是一个混沌的时期。可是信中你说自己什么都没有，那是谎话。你并不是没有希望。我即使那么说，也不是所谓的鼓励你、安慰你。夜里天空中有闪亮的星星。即使现在狂风暴雨，也会有风平浪静的时候啊。大浪中孤独漂泊的小舟，即使缓慢地前进，最终也会迎来微弱的灯光。5月11日

〈茧子的来信〉　讨厌玫瑰花

房间里有两枝插在花瓶中的人造花，一枝黄色，一枝红色。以我看来，像是鲜花。如果稍微靠近一点儿，简直就会散发出玫瑰花似的刺鼻香味。

你一定觉得我是一个很喜欢玫瑰花的人吧。所有花草中，我最讨厌玫瑰。因为它过于漂亮，神情冷漠，难以靠近，而且时常自以为是。玫瑰与人很相似。说起玫瑰，也容易引发回忆。

近些天，我喜欢月见草。最讨厌多管闲事的人。6月15日

〈我的去信〉　自身中的“尖针”

你的来信经常用可爱的信封、漂亮的信纸，而我却始终用着医院的便笺，实在抱歉。看了信中描述的玫瑰花，我颇有兴趣。你说玫瑰花像人，过于漂亮但神情冷淡而难以靠近，又不随意亲近于对方。那些评语中可以看出你对“人”的想法。确实，那也是“人”的一个侧面。不过，人也并非千篇一律，也有各种各样的人。有人像玫瑰般耀眼，也有人带着玫瑰般的尖刺，还有就像

人到了傍晚才开花的月见草。我猜测，你也许是在为心中的那根“尖刺”而烦恼吧。要想取出“尖刺”，确实非常可怕。而且通常人们不承认内心有“尖刺”。其实，任何人内心都有尖刺，只是程度不同而已。如何不让尖刺伤害别人而又不吓到自己，是非常重要的一个课题。

通常，最讨厌的东西往往也是最想得到却又得不到的东西。我这样说也许会被你讨厌。

不喜欢，也不会去讨厌。与自己没有关系的旁人，你也必定不会去喜欢或讨厌他吧。

如果你找到内心盛开的（不是人造而是鲜花）玫瑰花，那就是找到了真正的自我。6月15日

〈茧子的来信〉　就连小学生都有自卑感

听说你上周身体不好，最近好一点儿了吗？你从医院打来两次电话吧。那都是在学校上课的时间，所以我接不到电话。

我因为没去上学感到内疚，所以与别人见面也会有抵抗。

上个星期天，上小学二年级和五年级的表妹来到我家，我和她们一起在家玩耍。连小学生都能准时上学而我却去不了学校。面对比自己小五岁的表妹，我有了自卑感，也特别讨厌自己。我觉得，即使给自己适当的刺激也是件好事。7月13日

恢复治疗的经过

在此惭愧地提及私事。其实，当时本人患上了急性肺炎，数年来，首次出现了长达一个月之久的休诊状态。由于工作过度疲劳，休诊期间我也患上了“自闭症”（本人天生好动，如果不静态修养，炎症必定会影响肢体）。当时所有的治疗都不得不停止，因此包括茧子的治疗。不可思议的是，那段期间由我负责的精神分裂症、境界性人格障碍的患者不仅都未出现异常，相反，似乎我的病症对于他们以后的就诊治疗也起到了某些积极的作用。

〈茧子的来信〉　保重身体

最近身体好吗？不必勉强。希望你能早日康复。我偶尔生病，夏天也很少中暑，只是会没有食欲，那也是夏天的缘故吧，体重通常没有变化……务必请保重身体。8月3日

〈我的去信〉　医生忽视了保养身体

没料到个人的忽视，导致了患病。得了病，我才意识到是自己过于疲劳。我还没有完全恢复健康。等到病情略微地好转，我依然想与你保持通信交流。

对于去保健站就诊，你似乎有点儿抵抗。其实那并不是三

心二意。如果你愿意，那也是一种治疗的途径。我不是嘴上说说而已，确实想与以往一样，与你交流。我也做一点儿力所能及的事吧。

很久没有联系，我也许有点儿客套。与以前一样，我们随便交流吧，内容不用考虑得很复杂，比如反省自我啊，创造自我啊，如同以往的内容，轻轻松松地写吧。最近，我个人的情况略微有点儿不规律。如果你能来医院就试试，当然不必勉强。注意身体健康。我也努力尽快恢复。8月3日

〈茧子的来信〉　内心的斗争

今天晚上我说好要去奶奶家。关于这件事，先姑且不说。对于现在的时间来说，晚上是未来吧。计划毕竟只是计划而已。说实话，我不想去奶奶家。记得春天奶奶来我们家，让我八月暑假去玩儿。我怎么也说不出不想去，其实内心很不愿意，于是嘴上敷衍“知道了”。如今，当时的敷衍即将变成现实。人生中，即使类似那种琐事，也不能按个人的意愿去办理，不想去却也被硬逼着去。学校不也是一样吗？与很久没有见面的朋友相聚也好，去看芭蕾舞蹈表演也罢，包括去乡下，对我来说，内心都要不停地斗争。别人看来似乎很傻，必定都说“哪有那么夸张”。连妈妈都那么想。但是，我的内心确实在不停地斗争。至今为止，我始终避开斗争而迎来了今天。不过今后就不能胆小怕事，我要学会大胆。即使内心不停地斗争，我也很满足。8月11日

〈茧子的来信〉　我为何是我

为何我就是我？我感到不可思议。并不是没有话题，只是我不想着手书写而已。

除了自己，我讨厌任何人。爸爸、妈妈、朋友，离我越近的人，我就越讨厌！9月21日

〈茧子的来信〉　书写很难

用文字形式表达出内心的想法，非常难。你每次与我回复信件也必定感到很麻烦吧。我也同样如此！其实，我也想与医生面对面地随便聊聊，可是做不到，太遗憾了。

医生，你对自己是“男人”满意吗？我对自己是“女人”不太满意。曾经问过朋友是否满意自己是女人。她回答“很满意！”似乎满足自己是一个十六岁的花季少女。很难理解她的想法。我想变成男人！只是如果可能的话……直到变成灰烬，我也不愿意放弃这个愿望。等到转世投胎，希望自己是男孩……10月26日

〈茧子的来信〉　任何人都不许进入

以前去学校上课，班里同学都说我有个“傻瓜似的”怪癖。因为每天早上上学前在家里换鞋，我总是先穿右脚的袜子。睡衣也必定每天在相同时间，以同样的状态脱放在同一个地方。而且

无论何时，即使没有时间，我也要朝着神像合掌祈祷。如果不那样做，我会一整天感到非常难为情，必须忍耐似地度过那一天。过去内心真的特别狭窄。不过现在已经没有那种现象了。但是，白天在家或者晚上睡觉以前，我依然都要紧紧地锁住房门。任何人都不许进入我的房间！有点儿奇怪吧。11月2日

〈我的去信〉　改变室内布置

别人看来的傻，然而对你来说却特别重要。这种情况当然并不奇怪。原来，你认为过去的行为是狭窄死板的想法导致的结果啊。

听母亲说，上星期五你重新布置了房间。是什么原因让你的内心有了变化呢?

在家紧紧地关闭房门是女孩应该做的事，对于现在的你来说也是极其重要。假如能够“牢牢守护自己”而且内心“拥有自由安全”的空间，那样“真正的自我”就应该得到保障吧……11月2日

〈茧子的来信〉　去了学校的梦

我做了一个“突然去了学校”的梦。在梦的前一个晚上，妈妈说了这样一件事。“一个女高中生某天突然去了学校。不过从校舍的楼顶跳楼自杀了，据说最终被救了回来。……”

妈妈说，那是在医院的候诊室里听到的消息。还是回到梦的

话题吧。

“梦中去了学校。但是不是现在的S学校，是以前的K中学。我坐在教室的最前排，后边是好朋友O同学，当时在上数学课。二年级时的班主任K老师（最不擅长授课的老师）站在讲坛上。我出色地回答出教科书中的问题。教室里吵吵嚷嚷，一片杂乱。班主任和同学们却无人指出，只是我一个人在听课的感觉。班里的同学都非常可怕，犹如一股沉重的压力。”

这是一个“突然去了学校”的梦，还有一个是“冒险故事”的梦。

“在奶奶居住的长野县，有许多人正远望着一艘大船。他们像是一群游客，其中一个是我K中学时代的朋友。我们俩靠得很紧。不知为何，听说那艘轮船即将爆炸。没过多久，船就炸开了，海水一下子流到家里。稻田也被海水淹没了。我和村民们拼命地逃。海水汹涌扑来。我们终于跑到山顶，逃离了海水，并且又继续走了一段路。爸爸妈妈也都在。有趣的是，连歌手樱田淳子也在。不知从何时起，右边出现了高楼、宽阔的道路。有个男生说，那是台湾。”

顿时，我睁开了双眼。12月11日

〈茧子的来信〉　还是开口说好……

已经是晚到的新年问候了。新年好。与去年一样，今年也请医生多多关照。

原本应该可以说更多的话题。不过与其写字，还不如用“嘴说话”更方便，所以今天不写。这样写，医生你会怎么想呢？（我是一个脾气别扭，反复无常的人……）

这阵子休息，发生了许多事情。一月三日夜里，我做了新年的第一个梦。“从学校出发到社会参观学习”的梦。还有，从去年十一月起失去联络的朋友终于打来了电话。那可是件好事。不过，又听说另一个朋友十一月中旬不得不住院治疗。太意外了，除夕之夜刚听说。原本打算去年和那个朋友见一次面，可是……前天是星期天，和妈妈一起去医院看望了那个朋友。如果有时间，还想去一次。1月11日

写到这里，读者也许感到有点儿无聊吧。在这封来信的前后，茧子自愿来到了医院，与我讲述了几个梦的内容。随后，她又开始了牙科的治疗。据茧子的母亲说，为修理家中的净水器，茧子动作十分利落。到了二月下旬，她神情爽快地开始了学校的学习（与普通学级不同，那是做菜、裁缝等以生活内容为主的学级）。正如此个案，我个人的治疗方式是极其缓慢的。当然，并不是特意无计划无目的地进行。如果用一句话来解释，我只是在与患者共同缓慢地前进中，一个劲儿地等待成熟时机的到来。

在与茧子的整个交流过程中，我总共向她发出了四十七封信件。她也传来了多达五十封信件。这种交流方式都是由茧子母亲准时来到医院的前提下才得以保证的。这是以“母亲对治疗师的

信赖”为轴心展开的治疗。我认为，这种治疗是成功背后隐藏着的一个秘诀。事实上，其他的治疗形式也是如此，不只是患者本身，在他们的家庭成员中只要有一位对治疗师持有信赖的态度，那么，治疗最终似乎都能够达到很好的效果。

茧子的选择

下周开始是新学年。在三月下旬的某一天，茧子非常精神地来到了医院。据说，原本学校让茧子进入某个机构学习的，无法更改的决定也有了改变。这种改变居然是茧子本人与校长做了斗争，如实地说出了自己的想法换来的结果。按照她个人的想法，最终学校同意明年开始恢复她重新回到普通班级学习。得到如此圆满的结局，似乎前后也是几经周折。茧子是通过自身的力量解决了问题。在医院治疗室内，茧子极其冷静，仔仔细细地述说了事情的来龙去脉。听了女孩的话，我也喜悦万分，也终于说上了一句“祝贺你！那是你个人努力的结果啊。”可以说，是两年的“自闭状态”培养了茧子勇敢地与对方交涉，通过自身的力量解决问题的能力。

过了一年，茧子又出现了新问题。据说是两年没有上学，不能进入县立制学校。如果打算继续上学，只能去民办学校。但是面对那种限制，茧子依然清楚地向学校说明了想法，最终升入了公立制的夜间学校。当我提出希望她来医院的要求时，茧子来到了医院，笑眯眯地对我说：“白天已经决定学习喜欢的裁缝和做菜了。”

据茧子说，夜间高校的同学大致白天都有工作。比起工作，她个人似乎想学些动手的技术。茧子盼望选择一条自己的道路，所以打算开始努力学习。她已经持有了明确的目标。

那天，茧子是和母亲一起来到了医院。如今，她正跨出了迈向成人的第一步。当看到母女俩肩并肩回家的背影，我情不自禁地向她们送出了加油的祝福。

“书写”与“会话”

茧子十五岁，是一个处于青春期的少女。同样是少女，到了花样年龄却与小学时代的天真无邪有所不同。一味地追求所谓的清纯少女形象则是那个微妙的年龄阶段的特征。

处于青春期的少女，通常会出现两种不同类型的性格倾向。一种是喜欢独处、耽于空想、阅读诗集等内向型的性格。相反，另一种外向型性格则注重华丽的服饰、时尚的发型，或是召集朋友吵嚷不停地闲聊。

内向型的女孩常常会悄悄地写日记，不断地反省凝视自己，也可能暗自投稿到深夜电台，倾诉心扉，还喜欢与远方的朋友闲聊，等等。外向型的女孩则乐于享受团体中活跃自在的气氛，敢于积极主动地和异性结交朋友。

在此，青春期的少女也可以分为所谓的“书写型”性格与“会话型”性格。当然，两者兼具的类型也不少见。

爱好“书写”的人，发挥“书写”的特点，综合全面地看待周围的事物，并且擅长逻辑性思考分析，能够洞察事物的本质。她们时常沉浸于幻想世界，扮演空想世界中的主人公角色。其中，过于迷恋虚幻世界以至难以返回现实世界的孩子也可见。在“书写”的过程中，往往所谓的真实自我并不重要，她们可以伪装自己，掩盖事实，让自己更理想化。

另一方面，擅长“会话”的人，通常利用“会话”的长处，会与对方有辩论。由于声调高低、脸色表情等情绪上的反应，因此他们在感情上得到安定的同时，也可能造成不同程度的人际纠纷。

茧子本人前后持续传来了五十封的信件（纸面有限，书中记载的部分不到其中的三分之一）。即使那样，她还是边书写，边觉察个人的内心世界。终于最后写道：“与其书写，还不如会话……”，以至来到了医院。整个过程我已经在书中记述得很详细。

但是，也有与茧子个案完全相反的例子。例如，当文章开头刚写到“我……”，书写人就立刻产生文字与自我间互不相容的感觉。他们无论如何也难以用文字的形式表达出自我。刚才也略微地提到，客观地自我描述过程中包含着诸多掩盖真实自我的可能性。所以通常，善于猜测思索类型的少男似乎容易意识到那一点。而某种程度上内心觉得与其展示真实自我，不如适当美化自己的少女，就难以受到现实与理想冲突的影响了。

处于青春期的孩子，渐渐觉察到个人的内心世界。犹如德国心理学家夏洛特·布勒（Charlotte Buhler）所述，“青春期的女孩对于个人的自我意识，也采取了极为坚定的立场。”由于纸面有限，在此省略具体的议论。我们的茧子也并不例外。数年间，她不断客观地观察自己。这种行为正是青春期年龄段的重要特征。

茧子不断地询问自己“我到底是谁？……”那便是美国精神分析学家埃里克森（E. H. Erikson）论述的自我同一性（identity）的概念。茧子具有“希望出生时是男孩”的想法，是个人有了性同一性障碍的表现。那也可以说是现代社会中部分女性内心存在的苦恼。

与学历社会波浪做斗争

茧子与第三章中的小红帽庭子有相似之处，即两人都是拒绝上学。两者确实存在略微的差异，但是依然从中可以断定相似之处。

对于现实社会中议论“学校恐惧症”或“拒绝上学”的见解，我始终持有不同的观点。在此，简单扼要地给予说明。躲藏在家中难以出门，即一种“内闭的状态”。通常，处于那种状态的当事人在持有“个人脱离了学校团体”“不得不与家人共同烦恼”等消极观点的同时，对于他们原本的自我来说，“内闭状态”也是个人内在成熟所必须经历的一个过程。所以我认为，与其对“内闭状态”持有否定的观点，还不如考虑这对原本的自我来说是必不可少的一个体验过程。

因此，对于社会中“那是母亲过度溺爱患有的病症”“自我未成熟的结果（这种观点确实如此）”“家长不应该过于溺爱孩子，尽早催促他们去上学，越早越好”等观点，我都坚决持有反对意见。为何那样考虑？如果儿童的内心还未得到成熟，只是在形式上注重让他们去上学，那样，最终会导致旧病复发，甚至出现更为严重的后果。催促孩子尽快上学，只是重视于表面的现象，也是敷衍一时的做法。相反，那种举动的背后深深隐藏着学校教育理念中的诸多问题。即，对于脱离学校团体的儿童，极力把他们从团体中排除，或是把他们看作是特别的客人，让他们尽快毕业，离开学校，有的甚至对于那些儿童的教育内容置之不理。

我在此并不是想强调儿童患“学校恐惧症”是来源于学校的

态度。学校恐惧症的病因当然也不会起源于如此单纯的理由。但是，只是一味地注重形式，讲究死板的规则，过度地限制学生，比如头发的长短、裙子的长短等，通常在那种学校中出现“学校恐惧症”的概率往往更高。在此并不指责某个具体的学校。那也是事实。如果那样，每个学生内在的独特需求又究竟是什么呢？学校应当在满足学生各自内在需求的同时，发挥他们各自潜在的能力。如今，所有的学校都变成了培养实施现行考试体制的预备军之地。极端地限制学校教师自主性等诸多国家教育的指导方针，原本就存在问题。

通过记述“学校恐惧症”的病状，不由得试论了现行的学校教育制度。所有的记述并不是我个人随意的解释。我们的茧子也与上述的社会风浪做着“激烈地斗争”。各位读者应当留意女孩勇敢地坚持到底，断然决定“夜间学校”学习的出色抉择。与其强求学历，倒不如注重个人“具体的目标”。茧子是通过自身的力量，在当今竞争激烈的社会中被遗忘的价值观中找到了自我。现行的教育制度再加上抱有幻想或战略式的期望，也恰好是给加速促进学历社会的人们的当头一棒。

第九章

少年时期的心灵

回想起少年时代

说起少年时期，各位读者会联想到哪些景象呢?

对于我来说，正如佐藤春夫的诗歌《少年的日子》中所描述的，那是一个多愁善感的时节。正逢日本“二战”失败后的复兴期，我既在农村又在城市中度过了少年时代。从某种意义上说，我非常幸福，特别是当时还有许多美丽的自然风景。即使现在，我脑海中也依然能够浮现出幸福的农村生活。

我切开田地里还未熟透的、带有酸味的西瓜。表哥用熟练的动作把剥了皮的青蛙腿绑在细绳上钓到满满一桶小龙虾。穿过桑树林前的独木桥，边挥手边走在田间小道上的父亲的身影。远处传来村里祭典仪式的刺耳的太鼓竹笛声，我原本想趁早回家看看刚出生的妹妹而硬被拉着在外玩耍，直到累得筋疲力尽、无精打采地回到家。我在学校结识了村里的同学，上门玩耍发现姐姐房间里摆放着许多少女杂志。偷偷摸摸地看着杂志，然而内心却感到一股酸味，盼望也能早日结识一个姐姐，等等。上述情景都是我从四五岁到小学三年级在农村生活的记忆片段。

到了四年级，父亲公司分配社员宿舍，我开始了城市的生活。习惯了农村的生活后，我又为多彩的城市世界而感到惊讶。对我来说，所有的一切都是自己开阔眼界的全新体验。

搬家那天，我是出生以来第一次在“面馆”品尝到了可口的扁面条。在转校后的班级中，我被同学抢走了扫帚而不得不与新伙伴们集体打扫教室的一幕，依然记忆犹新。五年级，我去了从东京搬来、长得简直就像洋娃娃的可爱女孩的家，为她家中成套的《儿童文学全集》惊叹不已。于是，我饶有兴趣地借了一本《黑马故事》。在一条落有马粪的道路上，我与同学打草棒球直到天黑。在快速奔跑去神社的路上，不巧与他校的同学发生纠纷，最后我孤军奋战，以至被打得鼻血直流惨败回家。我为社员宿舍中摆放的地藏菩萨像下方的通气孔里隐藏的“秘密盒子”制作“暗号”而得意扬扬。我的脑海里不断地回忆起少年时代的难忘故事。

在此过多地记述了私事。各位读者也必定有“自己的秘密”和“个人的美好回忆”。

任何人都经历过少年时代，也必定都持有愉快或者难受的记忆。正在阅读《孩子的心灵》的读者，你们起初是带着怎样的动机拿起了这本书呢？写着写着，本人不知不觉陷入了幸福的回忆之中。或许，您也正打算尽兴地回忆过去？也可能您的孩子如今正处于少年时期？您从事的工作与少年时期的儿童有关？……

身为父母

刚才也提到，无论是谁，都经历过少年时期。对于孩子的内心世界，通常大家深信自己有所了解。虽然世上也有永远保持着孩子之心的大人，例如法国童话故事《小王子》的作者圣埃克苏佩里，或是执笔《毛毛》的德国儿童文学作家米切尔·恩德等。但是，随着时光流逝，绝大部分的大人都会不知不觉地用成人的眼光去鄙视儿童，而他们本人毫无意识。当大人偶尔听到少年时代的美妙旋律，或者遇上少年时代阅读过的书籍，他们即使回忆起过去难忘的情景，也早已不能站在与孩子同等的地平线上了。大人多半是站在如今成人的位置，用成人的观点在回忆过去的少年时代。

当组织了家庭、有了孩子，我们就更容易理解上述的道理了。对于孩子的反抗与指责，也许你会不知不觉地用大人的观点去强压制止他们。然而当意识到自己的言辞不当，你会感到愕然。过去曾经如同恶作剧的孩子般拼命反抗、指责大人的自己，现在却转换到了被孩子批评的立场。

“爸爸根本不懂！他什么也不知道！即使解释，也不会理解我……”听到孩子那样的语句，若是意识到个人的言行确实忽视了孩子的立场，能够反省个人的行为，那还算不错。

相反，如果怒火冲天地乱骂“你说什么？好好想想爸爸的意思”，那么事情就更加复杂化了。虽说父母类似的失败会给儿童的内心带来挫折，但是即使那样，往往孩子也依然接受父母的教育在不断地成长。本作品就是通过与内心受到挫折的孩子的密切交往，试着从另一个角度去理解少年时期的心灵。

少年时期的重要性

本书中我反复使用了“少年时期”一词，即使“少年时期”，往往根据个人的实际情况，在时间上也会略有不同。根据发展心理学或者儿童精神医学的理论解释，按照人的发展规律而言，通常可分为“新生儿期”“乳儿期”“幼儿期”“儿童期”，接着迎来“青春期”“青年期”以至发展到“成年期”。上述划分，极为常见。如果那样考虑，“少年时期”就应该指“儿童期”。不过，各位读者也许意识到本书中的“少年时期”也包含了“青春期”。其实，我从广义上运用了“少年时期”的概念，读者也可以把它考虑为恰好处于中小学阶段的孩子的那个年龄段。

众所周知，精神分析学创始人弗洛伊德把“青春期”的前一时期称作心理上的性“潜伏期”（psychosexual latency）。即与个人内在的冲动性的能量相比，自我能量相对强硬，是风平浪静的时期。在精神医学领域中论述“少年时期”概念的有两位美国学者，即沙利文与埃里克森。

沙利文把人的发展阶段分成“幼儿期（infancy）”“少儿期（childhood）”“儿童期（juevnile period）”“前青春期（preadolescence）”“青春期（adolescence）”和“成年期（adulthood）”。他所述的“儿童期”是指儿童到了“急切寻觅能够与自己分享人生的伙伴”的时期。可以说那个阶段是以自我为中心的社会化过程的时期。也可以把它看作是最早的形成社会性人格的时期。即至此为止只是以与父母接触交流认识世界的儿童，将通过与同年代伙伴的游玩直接接触社会的时期。不过，处于“儿童期”阶段，即使在同性朋友间，也不会出现朋友幸福即便是自己幸福的“爱”的现象。

沙利文的人格发展理论中值得注意的部分，也是我在第七章中提及的有关同性伙伴间的亲密性的观点。即沙利文强调的与“亲密伙伴间”的“合作（collaboration）”关系。他把那个概念与“儿童期”习得的“共同合作”进行了对比。“共同合作”是指“我为了维持我的威信、优越感、利益而按照游戏的规则玩耍”。那只是“我个人”的问题。然而“合作”是“前青春期”阶段获得的能力，涉及“你我两人”之间的问题。沙利文强调“前青春期”是修复发生在那段时期以前形成的各种障碍的重要时期，也强调那个阶段是最接近于“不扰乱内心和平，享受真正的完美生活”的时期。

另一位学者埃里克森着眼于“儿童期”儿童最为关注的事项。他运用了“勤奋（industry）”的概念，强调儿童“如何学习

（how to）”的过程，主要包括学得实际技能与适应社会环境的两个重要侧面。此外，特别强调学习如何更好地适应社会环境、怎样与周围的伙伴和睦相处等课题。“儿童期”经历体验了以上两个重要的侧面，当事人则开始面临“青春期”中的最大课题，即“自我同一性（identity）”的形成与发展。如果“儿童期”没有适当地掌握上述的技能，当事人到了青春期则会陷入自卑的旋涡。

此外，埃里克森还运用了更为敏锐的洞察力，论述了“青春期”阶段必须重新控制与管理过去出现的各种“危机”的道理。他强调那个阶段也是统合构成自我同一性形成的各种要素的不可缺少的“延缓期（moratorium）”。

至此，似乎记述了难以理解的话题。以下，我想边总结边论述个人的见解。

“少年时期”通常被认为是平静安稳，无风无浪的时期或者是被等闲视之。正如受到上述两位学者的启发，其实，对于孩子来说，获得“亲密伙伴”阶段和形成确立“自我”的前阶段，都是相当关键的时期。比如，在精神疾病中问题最为复杂的精神分裂症。患者的发病年龄大致都在十四岁至二十岁的“青春期”或“青年期”阶段。通常，人绝不可能突然无缘无故地精神病发作。所以我想强调，我们并不只是关注患者发病的时期，而作为病症潜伏阶段的“少年时期”，我们也应该加以重视。这就是我的见解。当然，这也可以说是本人今后的课题。说到这里，各位读者也必定理解了为何积极地讨论“少年时期”的重要性了。

与时代相貌的关联

随着时代背景的不同，即使说“少年时期”，也有许多地方截然不同。比如，我们可以考虑战前和战后[①]的社会差异带来的不同之处。如果再仔细划分，随着社会的不断发展，即使战后时代，“少年时代”的内容也有微妙的变化。在此略微论述几句。

回忆我个人的小学时期：放学后有很长一段时间可以在校园内玩耍；宽阔的道路也都是最佳的棒球场地；家附近的河流犹如泳池，可以尽情地游泳；户外玩耍几乎都快到天黑；即使朋友间有争吵，最终也依然能够和睦相处；偶尔自由地跑到朋友家，直到忘记吃晚饭的时间；有时甚至在朋友家吃饭泡澡，住上一夜。

但是，如今却完全不同了。除了学校个别的兴趣小组活动以外，通常校内禁止活动。拥挤不堪的道路，汽车来来往往，绝不是随意玩耍的地方。每个家庭都是一个孤立的群体。除了生日宴会等高档活动以外，几乎很少会有家庭在家款待朋友。儿童们的夜间课外补习早已占据了他们不少“宝贵的自由时间”。回到

① 指第二次世界大战的前后。——译注

家，他们也只是面对着一台只有四五个频道的电视机，获得了唯一可以“选择的自由”。现在的儿童只拥有那种被动的自由。即使在仅有的时间里，他们也要受到父母不停的限制与制止。孩子完全没有独立生活的时间与空间。现代社会面临着众多过去从未经历过的困难。那些困难与核心家庭的出现、住房环境的变化有密切的联系。如果把过去的少男少女生活看作是“开放型”的样式，那么，现在的孩子们的状况就不得不说是“闭锁型”的。在“闭锁型”的家庭环境中，由于经济状况导致夫妻纠纷等家庭内的诸多不稳定因素，无疑会直接影响到成长中的孩子。

正如刚才所述，在诊断为神经症的儿童患者中，与其说他们的病因起源于自身，还不如说是受到种种周围环境因素的影响。也可以说，自我意识薄弱的儿童往往是“牺牲的羔羊”。但是，从我们精神科医师的角度考虑，带有负面因素的儿童往往是解决家庭中的矛盾的最关键人物。道太、庭子、鬼太郎、诚君，所有儿童患者都是如此。

道太在游戏治疗中努力制作了道路。太郎与庭子热衷于制作沙盘作品。鬼太郎默默地画画。诚君出色地拍摄照片。茧子熟练地写信。孩子们各自内心背负的不安、焦虑通过各种方式最终得到了缓解。

与此同时，儿童患者的父母也通过身边的孩子找回了自我。医院精神科的治疗室也可以说是确保孩子“最后的自由”的一道城墙。作为我来说，急切盼望世上的父母都能够做到确保孩子的自由时间与空间，因为这对孩子来说是最为重要的事情。具体地说，这是确保他们“外出游玩”的时间，年龄略大的儿童则是承诺保守他们的秘密。当然，想要真正地做到这一点，家长与教师必须具有开阔的胸襟。如果考虑如今举世喊叫的“教育理念”，也许你会批判本人的想法不切实际。失去“玩耍的时间”，忘却母亲“细心温和的照料”的儿童，长大成人将会成为何等的模样？只是猜测，就已经令人毛骨悚然。少年时代体验不到母亲的温暖，孩子不能发挥唯有他们具有的独特能力，等到长大成人必定需要付出同等甚至更多的代价及补偿。如今，我每天都与那些孩子相处，内心深深感到，对于他们来说最为重要的是拥有真正意义上的“自由的时间与空间”。此外，能够真诚地接受孩子，以及父母温和慈祥的态度与内心的宽裕，对孩子们也非常重要。

后　记

去年春天，我收到了一封来自日本中央公论社的加纳信雄先生的，关于执笔写作有关少年时期内容的邀请函。加纳先生阅读了本人关于自闭症儿童的论文，他还特地来到了我在名古屋的家中。说实话，当时对于仅有临床经验十年的我来说，非常系统地记述内容，显得相当困难。在被认可能够如实地记录十年来个人经历体验的前提下，我便答应了写作的尝试，并且最终写完了三百张的稿纸。然而不知是否符合读者的心意，令我时时担心不已。但是，书中确实已经阐述了本人的想法。今后也有待众多读者的指教与批评。

每章节首页的插图是患儿，或是正巧与书中描述的孩子同龄的我的三个女儿（分别在读五年级、三年级和一年级）的绘画作品。

书中部分内容曾经在刊物中发表，本次加以适当的修改，感谢各家出版社的谅解。

本书能够以此形式得到出版，在此衷心地表示感谢。

首先，应该感谢书中的主角，可爱的孩子们，祝愿他们今后继续努力奋斗。同时，也感谢我的各位恩师：岸本镰一、河合隼雄、荻野恒一、大桥博司、木村敏、中井久夫、多拉·卡尔夫女士。最后，感谢时常勉励本人的日本中央公论社编辑部加纳信雄先生。

就此搁笔。

山中康裕

译后记

在游玩中探视孩子的心灵

山中康裕先生执笔的《孩子的心灵》一书，在日本的临床心理学界被视为“经典名著”，是心理学专业的大学生、研究生，以及从事儿童心理工作人员的必读之物。不仅如此，正如作者本人在序言中所述，此书每年都在增印，拥有了大量的读者，也是一本畅销书。如今在中国，本书再版发行，也同样受到了中国读者的青睐，作为译者，我由衷感到欣慰。

说到心理治疗，我们通常认为治疗师可以通过语言交流、耐心聆听的方式和来访者展开工作。但是，事实并非完全如此。爱玩是孩子的天性。当遇到内心压抑而痛苦不堪，或者有语言功能障碍而不善表达的孩子时，如果能够运用表达性心理治疗的各种技法，通过游玩的方式展开工作，治疗过程往往会比语言交流容易有进展。

此时，孩子们尽兴玩耍，不需要任何语言。当治疗师为孩子们提供了内心表达的空间，默默地守望他们时，一个沙盘、一幅绘画作品，有时会远远胜过苍白无力的语言，它们神秘如实地反映出来访者的内心世界。当然，如何理解来访者的作品，需要治疗师扎实的专业功底。

此外，理论固然重要，但是理论也只是假设。因为每一位来访者都是完全不同的个体，即便他是一个孩子。本书详细记载的每一个个案，正是“在游玩中探视孩子心灵”的最佳实例。

书中提到的诸多表达性心理治疗的方法（例如箱庭疗法、风景构成法、树木人格测试等）在日本统称为“表现疗法”。山中康裕先生是“表现疗法”的倡导者，也是此领域的领军人物。

作为中国表达性心理治疗国际学术研讨会的外方主席，山中先生多次受邀来到中国。回忆往昔，在每一届大会上，他的周围始终聚集着众多的年轻学子，受到大家的敬仰。今年，在即将召开的第六届大会上，山中先生将进行题为“我的表现疗法五十年之路”的主题报告，其风趣幽默的表达必定会极其到位地阐述各种事物的本质，相信会迎来在场所有代表的热烈掌声。

结束了漫长的留学生活，我回到了故乡上海。山中老师是我的人生导师。在日本生活的十多年，我受到老师的教诲熏陶，难以用语言表达感恩之情。如今的我，在学校教育现场，积极介绍老师的学术理念，实践推广其独创的各种表现疗法的技法，这或许是对山中老师最好的回报。今后，我也会翻译出版老师的其他著作，满足国内读者的需求。

最后，我想感谢给予我极大支持的父母及身边的众多朋友。

穆旭明

2017年6月28日

《催眠天书1》

《催眠天书2》

《NLP圣经：美国NLP学院专业教程》

《女性的力量》

《精神分析：开放性对话》

《生与死的战斗：与施受虐的对抗》

《客体关系家庭治疗》

《性与家庭的客体关系观点》

《客体关系入门》